CHANTAL RIALLAND

UN BIG BANG PAR JOUR

Vous avez l'immense pouvoir de changer votre vie

MARABOUT

Illustrations : Atelier LZC

Ce livre est dédié à l'être intérieur
en chacun de nous.

Je remercie Hélène Gédouin, directrice de la collection Marabout, pour avoir chaleureusement accueilli ce projet de livre.

Je remercie Fabienne Travers-Yiou, mon éditrice, pour son travail fort utile et son accompagnement très agréable dans la rédaction de cet ouvrage.

Je remercie Sophie Carquain, journaliste et auteur, pour m'avoir introduite auprès d'Hélène Gédouin.

Je remercie chaleureusement tous mes patients de par le monde francophone, pour leur confiance et tout ce qu'ils m'apprennent à travers leur expérience quotidienne.

Je remercie mon être intérieur.

Je remercie mes amis qui m'ont accompagnée lors de l'écriture de cet ouvrage, en particulier, Françoise Silhol, Muriel Tunzini, Patrice Cayrou, Sarah Denis, Sigrid Charrière, Dominique Tayebaly, Patrick Mazet, Gwenaëlle Gobé.

Je remercie Dimitri Waskovit, informaticien à Paris, pour l'entretien parfait de mon ordinateur à distance : dimitri.w@gmail.com.

DU MÊME AUTEUR :

Mon big bang intérieur
paru aux Éditions Marabout, 2012

Vivre mieux grâce à la psychogénéalogie
paru aux Éditions Robert Laffont, collection Réponses, 2011

Cette famille qui vit en nous
paru aux Éditions Robert Laffont, collection Réponses, 1994
et en poche aux Éditions Marabout, 1996

Coordonnées de l'auteur :
www.chantalrialland.com
chantalrialland@gmail.com

J'ai eu le bonheur de publier aux Éditions Marabout *Mon big bang intérieur, vous avez l'immense pouvoir de changer votre vie.*

Nous avons tous vécu un énorme big bang personnel, celui de notre conception et de notre naissance.

Vous pouvez choisir de vivre un deuxième fabuleux big bang. Il s'agit, cette fois-ci, d'un big bang intérieur. Vous, et vous seul, pouvez le réaliser.

Votre big bang intérieur consiste d'abord en une prise de conscience qui est la suivante : vous avez l'immense pouvoir de changer votre vie. Vous pouvez « prendre en main » votre bonheur et être heureux au quotidien. Vous pouvez donner du sens à votre vie et la rendre passionnante. Votre big bang intérieur consiste, ensuite, en un travail sur vous. Il s'agit, en fait, d'une profonde mutation intérieure. Ce travail sur soi entraîne un changement d'état de conscience et une véritable renaissance.

Ce deuxième livre vous propose des réflexions et des exercices pratiques au quotidien.
Il est complémentaire du premier ouvrage – en le rendant applicable chaque jour.
Toutefois, il n'est pas nécessaire d'avoir lu le premier livre pour mettre en œuvre, dès aujourd'hui, votre big bang intérieur, en réalisant ce que ce deuxième ouvrage vous propose au fil de ses pages.

Ne me croyez surtout pas « sur parole ». Expérimentez… !
Je vous souhaite un extraordinaire big bang intérieur.

1er janvier

Bonne année !

Une année vous offre 525 600 minutes, 527 040 quand elle est bissextile.
Je vous souhaite de vivre ces minutes pleinement, en étant le plus possible dans l'instant présent.
Le passé est révolu, le futur est par définition à venir, l'instant présent est le cadeau que l'univers vous fait. Ouvrez-le !
Mes meilleurs vœux pour une très belle nouvelle année.

Écoutez-vous !

Si vous choisissez de prendre de bonnes résolutions pour cette nouvelle année – ce qui est une excellente initiative –, écoutez votre cœur, votre intuition, votre être intérieur. Oubliez les « il faudrait », « je devrais » et les sirènes du « socialement correct ». Choisissez ce que vous voulez vraiment améliorer pour vous et votre bonheur.

3 janvier

Aimer la vie…

Vous n'allez pas considérer et traiter une personne qui a un comportement désagréable, hostile, agressif, envers vous comme quelqu'un qui vous manifeste de la politesse, de la gentillesse, de la sympathie.
La vie est comme vous !
Aimez la vie, elle vous aimera.

4 janvier

Créez votre vie !

Vous avez un immense pouvoir, celui de cocréer votre vie de concert avec elle.
Vos pensées, vos émotions, vos sentiments créent.

Il ne s'agit pas de refouler vos pensées et vos affects négatifs. Refouler est toujours très toxique.
Il s'agit de prendre conscience de ce qui vous fait souffrir et de le transformer.
Il s'agit également de vous libérer de vos peurs.
Cultiver la positivité s'apprend. Et c'est le plus sûr moyen de changer votre vie pour le meilleur.

5 janvier

Arrêtez de vous critiquer sans cesse !

Première étape, en prendre conscience. Vous êtes tellement habitué à vous donner des noms d'oiseaux que vous ne vous en apercevez plus, tant c'est devenu une seconde nature : « Quelle idiote », « Quel imbécile », « Je suis nul », « Je suis stupide ». Stop !

Deuxième étape, à partir d'aujourd'hui, traitez-vous avec gentillesse et tendresse. Appelez-vous « Ma chérie », « Mon chéri », ou tout autre mot doux à votre convenance.

Pensez à respirer profondément plusieurs fois par jour

Au besoin, au début, mettez des Post-it de couleur dans votre salle de bains, près de votre ordinateur, dans votre cuisine, dans votre voiture pour vous le rappeler.
La plupart des êtres humains respirent mal, trop superficiellement. Il en résulte de la fatigue, du stress, un manque de dynamisme, voire de la tristesse.
Vous pouvez inverser la vapeur très facilement et, de plus, c'est gratuit !

6 janvier

7 janvier

Vos rêves ont besoin de vous

Ne renoncez jamais aux rêves profonds qui vous tiennent vraiment à cœur. Si l'univers vous les donne, c'est pour que vous les réalisiez. Si vous veillez avec amour sur cette « petite flamme » en vous, si vous vous faites confiance, si vous demandez l'aide de votre moi profond, si vous cultivez la patience, l'enthousiasme et la détermination, la vie ne va pas manquer de vous aider et de vous apporter les circonstances et les rencontres favorables.

Cultivez la bonne humeur

8 janvier

Vos affects sont beaucoup plus importants que vous ne le croyez.
Si vous vous levez de mauvaise humeur et choisissez de le rester, votre journée a toutes les chances de devenir exécrable. Sans compter que vous polluez les autres par le noir que vous broyez.
À l'inverse, lorsque dès le matin, vous cultivez des pensées, des émotions, des sentiments positifs, votre énergie s'accroît, les difficultés se résolvent plus facilement, vos rapports avec autrui sont nettement plus agréables et harmonieux.

9 janvier

Ne subissez plus vos pensées !

Elles vous arrivent sans que vous en ayez vraiment conscience.
Souvent, elles se répètent inlassablement en boucle. Et vous n'imaginez pas une seule seconde qu'il puisse en être autrement.

D'une part, vous n'avez pas appris à être attentif à ce qui vous passe par la tête.
D'autre part, vous n'envisagez pas que vous puissiez avoir un quelconque pouvoir sur ce qui vous vient à l'esprit.
Si, dès aujourd'hui, vous vous efforcez d'en prendre conscience et de choisir de cultiver des pensées positives, votre vie va changer radicalement.

Sourire illumine votre visage

Mais pas seulement.
Sourire illumine aussi votre vie.
Il est impossible de vous inscrire longtemps dans la morosité ou l'agressivité si vous veillez à sourire le plus souvent possible.
Et les occasions sont nombreuses au fil de votre journée.
Cerise sur le gâteau, sourire donne également du bonheur aux autres.

11 janvier

Attirer l'abondance

Être dans l'abondance n'a rien à voir avec le fait d'être milliardaire.
Être dans l'abondance, c'est être épanoui en tant qu'être humain, sur tous les plans. Financièrement, c'est avoir suffisamment d'argent pour satisfaire vos besoins et ceux de votre famille, avec un surplus qui facilite la vie.

Si vous avez des soucis actuellement, la meilleure façon d'attirer l'abondance est de prendre conscience de toutes les formes d'abondance dont vous bénéficiez déjà – malgré ces soucis – et de remercier l'univers pour cela.

Rien n'arrive par hasard

Un proverbe portugais dit que « La vie écrit droit avec des lignes courbes ». C'est tellement vrai !

Mais il faut parfois du temps pour s'en rendre compte.

Ce qui vous contrarie aujourd'hui peut se révéler ultérieurement très bénéfique.

Une épreuve peut engendrer une véritable renaissance et une vie beaucoup plus conforme à votre bonheur.

« Rien n'arrive par hasard. »

12 janvier

13 janvier

Personne n'est parfait

Rire de vous avec joie, tendresse et amour est une excellente thérapeutique.
Vous n'êtes pas parfait, comme chacun d'entre nous.
Prendre vos imperfections avec humour vous évite d'en faire une montagne.
De plus, cela vous incite à vous montrer beaucoup plus tolérant à l'égard des autres.
Cela supprime bien des scènes de ménage ou des conflits de toutes sortes !

Confiance en soi, confiance en la vie

Les plus beaux cadeaux que vous puissiez faire à votre enfant sont d'avoir confiance en lui et d'avoir confiance en la vie.
Généralement, cela vous demande un travail psychologique pour atteindre vous-même cet état.
Sauf exception, vos parents, croyant bien faire pour vous éduquer, vous ont appris à douter de vous et à craindre la vie.

15 janvier

Cessez d'imaginer le pire

La plupart des personnes se torturent à l'avance en imaginant le pire et en élaborant des scénarios catastrophes.
Il en résulte immanquablement qu'elles gâchent leur vie présente et handicapent leur futur, en se programmant au malheur.
Leurs angoisses leur créent du stress qui altère leur humeur, perturbe leur bonheur, affecte leur santé, entrave l'harmonie de leurs relations avec les autres.

Inversez la vapeur ! Pensez en terme de solutions. Et si vous imaginiez le meilleur, pour changer ?

Un bonheur, des bonheurs…

Le bonheur avec un grand B est comme un immense collier dont les perles sont constituées par tous les petits bonheurs de l'existence.
Prenez conscience de tous ces moments si précieux. Il y en a tous les jours et ils sont nombreux.
Cultivez-les et multipliez-les avec tendresse et amour.

16 janvier

17 janvier

Brisez la glace !

Beaucoup d'êtres humains se sentent tellement dévalorisés qu'ils ne peuvent pas vraiment communiquer.
Face à quelqu'un, au lieu de s'ouvrir, d'écouter, de dialoguer, ils sont obnubilés par ce que cette personne va penser d'eux. Ils craignent le pire...
C'est comme si l'autre disparaissait derrière une grande glace dans laquelle ils se refléteraient, tel Narcisse.
Il est urgent de briser ce miroir imaginaire !

Vous êtes vous, soyez-vous

L’un des plus beaux cadeaux que vous puissiez vous faire est de vivre dans l’amour.
Cela commence par être en paix avec vous-même, vous respecter et vous aimer, tel que vous êtes.
Vous êtes vous, unique, bien vivant et vous avez une mission sur terre qu’il vous appartient de réaliser.
L’amour des autres et de la vie commence par l’amour de soi.

18 janvier

19 janvier

Ne vous voilez pas la face

Si vous avez des soucis financiers, faites courageusement le bilan de votre situation. Voyez ce que vous pouvez améliorer. Ensuite, ne vous inscrivez pas dans le manque. Ressasser vos difficultés, vous angoisser jusqu'à en perdre le sommeil, vous sentir victime et vous plaindre ne servirait qu'à vous enfoncer davantage.

Au contraire, faites des démarches. Allez voir vos créanciers, ne disparaissez pas dans la nature. Prenez-vous en main. Centrez-vous sur les solutions et remerciez l'univers par avance.

Cessez d'avoir peur

L'être humain navigue entre deux grands sentiments : la peur et l'amour.
Quand on y réfléchit bien, la tristesse, la colère, la haine, toutes les émotions et tous les sentiments négatifs ont une racine commune, la peur.
La peur se conjugue de plusieurs façons : peur de soi-même, peur des autres, peur du manque, peur de la vie.
Il est urgent de cultiver l'amour...

21 janvier

La vie est votre meilleure amie

Au cœur de l'humanité, de millénaire en millénaire, est inscrit le désir de progresser et d'évoluer.
Les événements qui vous arrivent, les êtres que vous rencontrez, les personnes qui vous sont proches vous invitent à apprendre, à progresser, à devenir plus conscient.
Ce qui est synonyme de plus de sagesse et donc de plus de bonheur.

Vous êtes bien plus que vous ne le croyez

22 janvier

Vous n'êtes pas que M. ou Mme X,
telle nationalité, tel âge, telle situation professionnelle, telle situation maritale, parent ou non, etc.
Il existe plusieurs niveaux de conscience en vous.
Vous avez un subconscient qui, par exemple, fait battre votre cœur sans que vous ayez à vous en préoccuper.
Au plus profond de vous, existe une part de vous qui est extrêmement précieuse. Il s'agit de votre moi profond, de votre soi, de votre être intérieur.

23 janvier

Regardez du bon côté

Réjouissez-vous de « la bouteille à moitié pleine » au lieu de vous lamenter à propos de « la bouteille à moitié vide ».
Plus vous vous concentrez sur la bouteille à moitié pleine, plus elle se remplit.
L'inverse est malheureusement vrai également.
Ressentir le manque l'augmente inévitablement.

Respectez-vous

Si vous avez le sentiment qu'une relation ou une amitié vous perturbe et dévore votre énergie, ne faites pas l'autruche.
Vous n'avez pas à juger l'autre qui a le droit de penser, de vivre et d'agir comme il lui convient.
Mais vous avez le devoir de vous respecter et d'être fidèle à vous-même et à votre chemin.
Prenez gentiment mais fermement vos distances, sans vous fâcher.
Espacez progressivement les contacts.
Souhaitez à cette personne beaucoup de bonheur – mais sans vous.

24 janvier

25 janvier

Pensez à vous ressourcer

La nature, que ce soit un jardin public
ou un parc si vous habitez en ville,
la campagne, la forêt, la mer, la montagne,
vous offre de vous connecter avec la beauté,
la paix, la magnificence, l'immensité.
Il est très important de vous ressourcer, le plus souvent que vous le pouvez, dans ces espaces privilégiés.
La nature est l'amie de votre moi profond.

Ne négligez pas votre corps

La civilisation judéo-chrétienne a souvent nié le corps.
Pourtant, votre corps est un merveilleux véhicule pour vous connecter au sacré.
Être à l'écoute de vos cinq sens, regarder ce que vous voyez, écouter ce que vous entendez, déguster ce que vous mangez et buvez, apprécier les senteurs, toucher avec conscience et respect vous connecte à la vie, à l'instant présent, à la splendeur de l'univers.

27 janvier

Comme un astronaute sans vaisseau spatial

Être psychothérapeute, c'est un peu être astronaute sans vaisseau spatial !
Chaque être humain vit sur sa planète.
Vous interprétez le monde en fonction de votre personnalité, de votre enfance, de votre psychogénéalogie, de vos valeurs, de vos goûts et vous vivez dans un univers qui vous est particulier et spécifique.
Vous pouvez beaucoup apprendre de la diversité des « planètes » de chacun.
Soyez à l'écoute.

Personne n'appartient à personne

Beaucoup de personnes se font terriblement souffrir parce qu'elles confondent le sentiment amoureux avec la dépendance et la possession. Faire dépendre votre bonheur de l'être aimé est un leurre.
De même, l'autre ne vous appartient pas, pas plus que vous ne lui appartenez.

28 janvier

29 janvier

Faites que vos mots soient des graines de bonheur

Soyez attentif à vos paroles. Elles sont de la plus haute importance.
Certaines choses que l'on vous a dites quand vous étiez enfant vous ont profondément marqué.
Des paroles négatives, destructives, assassines nécessitent souvent de faire un travail sur soi pour s'en guérir.
Dès aujourd'hui, vous avez le pouvoir par vos paroles d'aider, d'encourager, de soutenir, de féliciter, de remercier, d'aimer.

Ruminer vous fait du mal

La spécialiste du cerveau Jill Bolte Taylor, interviewée par Oprah Winfrey en 2011, a expliqué que chaque pensée que nous émettons, chaque affect que nous ressentons, ne met que 90 secondes pour influencer le métabolisme de notre corps.
Elle disait ensuite : « Imaginez les dégâts que provoquent les rancœurs que nous ruminons pendant des années. »

Penser positivement, ressentir positivement change non seulement votre vie et vos relations avec les autres, mais améliore aussi votre énergie et votre santé.

31 janvier

Aidez votre enfant à se réaliser

Être parent, c'est accompagner votre enfant du mieux que vous le pouvez.
Souvent, vous projetez sur votre fils ou votre fille les joies et les douleurs de votre propre enfance.
De même, vous l'éduquez en fonction des valeurs et des références de votre propre famille.
Il est plus sage d'être à l'écoute de sa personnalité et de l'aider à se réaliser.

Ce mois-ci
j'apprends à penser positivement

Apprendre à penser positivement constitue un extraordinaire big bang pour mieux vivre.

Votre cerveau produit des milliers de pensées par jour. La plupart d'entre elles se répètent d'un jour à l'autre, en fonction de vos activités et de vos préoccupations. Tout se passe comme si vous aviez un « disque rayé » dans la tête.

Votre éducation vous a conditionné à douter de vous, à vous méfier des autres, à craindre la vie. De plus, les informations qui vous parviennent quotidiennement sont, en majorité, consacrées aux mauvaises nouvelles. Vous êtes, généralement, victime de vos pensées négatives qui vous envahissent, vous emprisonnent et vous épuisent.

Or vous n'êtes pas l'esclave de vos pensées. Si, dès aujourd'hui, vous vous efforcez d'en prendre conscience et de choisir de penser positivement, votre vie va changer radicalement. Car vos pensées ont un immense pouvoir, elles créent. Elles ont une influence sur vous, sur vos relations avec les autres, sur les événements de votre vie. Tout ce sur quoi vous fixez votre attention s'amplifie.

Penser positivement, ce n'est pas nier les difficultés ni vivre au pays des merveilles. Lorsque vous avez un souci, au lieu de vous inquiéter, de vous angoisser, de vous torturer jusqu'à en perdre le sommeil, faites le point. Calmez-vous. Concentrez-vous sur les solutions en remerciant par avance l'univers de les trouver.

1er février

Vous n'êtes pas seul, perdu sur cette planète

La notion de séparation est une illusion. Vous êtes en profonde interaction avec les événements, les autres, l'univers. Votre monde intérieur a une influence considérable sur le monde extérieur. D'où l'importance d'être attentif à vos pensées, à vos émotions, à vos ressentis et à vos sentiments.

2 février

Soyez l'artiste de votre vie

Généralement, vous n'êtes pas conscient de votre créativité. Vous imaginez que l'art est réservé aux peintres, aux sculpteurs, aux musiciens, aux dramaturges, aux romanciers, aux cinéastes, aux acteurs, etc. Vous imaginez également que seuls créent les chercheurs, les inventeurs, les génies, etc. Chaque être humain est un artiste, car il crée son art de vivre.

3 février

Jouir de la vie comme un enfant

Ne perdez jamais une occasion de sourire, de rire, de vous amuser, ne serait-ce que d'un rien, de jouir de la vie.
C'est ce que les enfants pratiquent chaque jour avec assiduité.
Regardez l'énergie, la curiosité, l'enthousiasme, l'amour de la vie que cela leur donne.

Faites entrer la nouveauté !

Changer quelque peu ses habitudes
est agréable et donne du tonus.
Si c'est possible, ne prenez pas toujours
le même chemin pour aller au travail.
Levez-vous plus tôt pour avoir du temps
pour vous. Ou si vous êtes du soir, éteignez
la télévision ou votre ordinateur pour profiter
de la soirée autrement.
Goûtez aussi un fruit exotique ou un plat
que vous ne connaissez pas.
Bref, essayez des choses nouvelles.

4 février

5 février

Débarrassez-vous vite fait des corvées !

En général, vous avez tendance à traîner les pieds pour réaliser ce que vous considérez comme une corvée. Vous la remettez sans cesse à plus tard.
En agissant ainsi, vous ne faites que l'alourdir. Cela plombe votre énergie et vous épuise.

À partir d'aujourd'hui, commencez par faire les corvées en premier. Ouf, c'est fini !
Vous vous apercevrez très vite qu'elles vont devenir de plus en plus légères.

6 février

Soignez votre couple

Vous consacrez beaucoup d'énergie à mener à bien votre activité professionnelle.
Vous veillez également aux nombreux et divers aspects de votre vie quotidienne.
Vous prenez soin de vos enfants et faites de votre mieux.
Mais en matière de bonheur en couple, vous imaginez généralement que cela va de soi.

Il n'en est rien. Vivre à deux nécessite énormément d'attention, de vigilance, de dialogue.
Le couple n'est pas un conte de fées, mais un travail sur soi.

7 février

Tout est connection

Votre monde intérieur attire autour de vous,
comme un aimant, ce qui lui correspond
et est en harmonie avec lui.
Utiliser votre pouvoir de cocréation pour
développer une vie harmonieuse et heureuse
commence en vous, dès maintenant.
De plus, la vie, si vous lui faites confiance,
si vous dansez avec elle, va vous apporter des
cadeaux insoupçonnés, en créant avec vous.

Arrêtez de courir !

Votre éducation et la culture occidentale vous poussent à toujours *faire* et *agir*. Il en résulte, souvent, que vous ne vous accordez pas de temps pour *être*. Dès votre réveil et jusqu'à votre endormissement, vous êtes dans l'action, vous luttez contre la montre, vous courez.

Prendre quelques instants pour vous, chaque jour, vous permet de vous recentrer et renouvelle votre énergie.

9 février

L'instant présent

Ce qu'il y a de merveilleux dans le fait d'être en vacances, c'est que vous mettez entre parenthèses votre emploi du temps quotidien et vos préoccupations.
Vous n'en êtes pas toujours conscient, mais vous devenez ainsi beaucoup plus disponible à l'instant présent. Et cela vous donne du bonheur.
À condition, bien sûr, de ne pas transformer vos vacances en marathon !
La sagesse serait de continuer à privilégier, le plus possible, le moment présent dans votre vie habituelle.

Petit exercice libérateur…

10 février

Un exercice difficile mais extraordinairement libérateur consiste à vous abstenir de critiquer et de juger pendant une heure.
Cela commence en premier lieu par vous-même.
Ensuite, cela concerne les événements qui vous arrivent et ceux dont vous avez connaissance, y compris au journal télévisé.
Enfin, cela s'étend aux autres, vos proches, vos collègues de travail, les personnes rencontrées.
Cela ne veut pas dire que vous approuviez et que vous avalisiez tout, mais vous évitez ainsi d'être en réaction permanente et de « démarrer au quart de tour ».
C'est très reposant. À recommencer…

11 février

Rompez la chaine !

Beaucoup d'êtres humains ne veulent pas pardonner aux personnes qui les ont fait souffrir. Ils pensent que cela équivaut à nier leurs souffrances. Ils considèrent également que cela revient à cautionner des comportements inacceptables, voire odieux.

Pardonner, ce n'est pas annuler ce que l'on a vécu et se remettre dans des conditions toxiques.
C'est guérir en soi les séquelles du passé.
Aussi étrange que cela paraisse, on pardonne pour soi, pas pour l'autre.
La haine, la colère, le ressentiment empoisonnent votre vie car ils ne manquent pas d'attirer dans votre existence ce qui leur correspond.
C'est une chaîne sans fin… Il vous appartient de la rompre.

12 février

Votre ego parle en vous

« Je veux que l'on me voie », « Je veux que l'on me reconnaisse », « Je veux que l'on m'aime », « Les autres ne me prennent pas en considération », « Ils me prennent vraiment pour un imbécile ».
« Je n'ai pas de chance », « Je suis victime », « C'est la faute des autres ».
« J'aime, je déteste », « C'est horrible, c'est génial », « Je l'adore, je ne peux pas le voir », « Elle m'horripile ».

L'ego est le fruit de toutes les difficultés, de toutes les frustrations, de toutes les souffrances que vous n'avez pas guéries et dépassées.
C'est le petit enfant cabossé en vous qui trépigne.

13 février

Ne soyez plus votre pire ennemi !

Votre éducation, si elle a été trop rigide, ce qui est souvent le cas, a construit en vous un « bourreau intérieur ».
« Tu es nulle », « Tu peux mieux faire », « Tu es paresseux », « Tu n'y arriveras jamais », « Ne rêve pas ». « La vie est difficile », « Personne ne t'attend », « Il faut se donner beaucoup de mal », « Il faut se préparer aux coups durs ».

Il en résulte que vous doutez de vous, que vous vous mettez sans cesse « la pression », que vous n'arrêtez pas une minute, que vous n'êtes jamais satisfait de vous-même.
Vous êtes devenu votre pire ennemi.

Il est fondamental que vous en preniez conscience et que vous mettiez votre bourreau intérieur en vacances.

14 février

Aimer en partage

Aimer amoureusement ou conjugalement, c'est respecter l'autre, le découvrir, être à son écoute, lui faire plaisir, échanger, dialoguer, partager, vivre des moments privilégiés, construire ensemble.

Le sentiment amoureux ou conjugal ne peut exister véritablement que s'il est partagé. Ne vous contentez jamais de miettes d'amour. Vous méritez mieux.

15 février

Quand le passé resurgit…

Quand une personne vous irrite, au lieu de la critiquer, de la fustiger, de la condamner ou de lui « voler dans les plumes », prenez le temps de vous demander pourquoi.
Certes, on ne peut pas être en phase et en sympathie avec tout le monde. Mais le fait même que cette personne vous « mette les nerfs en pelote » réveille en vous quelque chose du passé que vous n'avez pas « digéré ».

Cherchez bien. Est-ce que cela vous rappelle le comportement de votre mère, de votre père, de quelqu'un de votre famille, d'une personne que vous avez connue pendant votre enfance ou votre adolescence ?
Ou encore, est-ce que cela vous évoque une personne avec laquelle cela s'est mal passé professionnellement ou amoureusement ?
Cela va vous permettre de vous libérer d'une souffrance antérieure.

Changer ce qui peut l'être...

Imaginez que vous gagniez le gros lot à l'Euromillion, perspective très agréable ! Si, à part l'amélioration de vos conditions matérielles, la réalisation de voyages dans des destinations qui vous ont toujours fait rêver, l'aide matérielle à des personnes qui vous sont chères, vous ne changeriez pas fondamentalement d'occupation professionnelle et de vie, c'est que vous avez trouvé votre voie. Si ce n'est pas le cas, n'hésitez pas à changer ce qui peut l'être dès maintenant, même sans gros lot.

16 février

17 février

Prenez soin de votre corps

Donnez-lui le sommeil dont il a besoin et la nourriture qui lui convient.
Cessez de le critiquer sans cesse et de le comparer – « pas assez ceci » ou « trop cela » –, remerciez-le, aimez-le.
Ne restez pas trop statique.
Si vous aimez le sport, pratiquez les activités qui vous plaisent avec plaisir, sans forcer.
Même si vous n'êtes pas sportif, aérez-vous, marchez le plus souvent possible.

18 février

Une petite touche de couleur

Une petite robe noire est très élégante pour un dîner ou une sortie. Mais porter du noir, et uniquement du noir, à longueur d'année, est déprimant.

Les couleurs sont des énergies qui ont une influence directe sur votre moral.
Les couleurs chaudes comme le jaune, l'orangé, le rouge stimulent, les couleurs froides comme le vert, le bleu détendent.
Portez des accessoires de couleur ou des vêtements qui vous apportent du plaisir et de la joie.

19 février

Colorez votre vie !

Vous pouvez également colorer davantage votre maison, votre bureau, votre atelier.
Pour un coût minime, un abat-jour, un coussin, un poster, peuvent vous apporter une touche de plaisir, de gaîté, de joie.
Des dossiers de couleurs, une photo, une plante fleurie peuvent améliorer votre vie au travail.
N'oubliez pas non plus de changer de fond d'écran d'ordinateur au gré de votre humeur.
Une étude américaine réalisée en 2011 montre que c'est excellent pour le moral.

20 février

Plutôt que de vouloir changer l'autre, changez-vous !

Vivre une obsession amoureuse est une immense souffrance.
Certes, quand on est amoureux, l'être aimé prend une grande place.
Mais ce qui caractérise l'obsession amoureuse, c'est que l'être aimé ne répond pas à vos attentes et que vous refusez de l'admettre.
Vous espérez qu'il change. Vous vous entêtez.
Vous ne pensez plus qu'à l'autre. Vous ne parlez plus que de cela avec vos amis.
Vous vivez de constantes montagnes russes.
Vous souffrez en fin de compte bien davantage que vous ne partagez du bonheur.

Entreprenez un travail sur vous-même pour dénouer ce qui vous fait prolonger une telle situation de maltraitance.

21 février

Ne filtrez plus la réalité !

Vous filtrez la réalité en fonction de votre mental. C'est-à-dire en fonction de votre enfance, de votre éducation, de votre psychogénéalogie, de votre passé, de vos expériences, de votre système de pensée, de votre culture, de vos croyances, de vos points de vue, de vos opinions.

Plus vous ouvrirez votre esprit et votre cœur, moins vous critiquerez, jugerez, condamnerez, plus la réalité vous paraîtra différente,
plus passionnante, plus riche, plus vivante.

22 février

Soyez réaliste

Selon les conseillers en gestion du temps en entreprise, il faut organiser sa journée de travail en tenant compte de 40 % d'imprévus qui ne manqueront pas d'arriver.
Pour une mère de famille, il est probable que ce pourcentage soit bien supérieur encore…

Ne vous épuisez pas en prévoyant une liste de tâches impossible à réaliser en une journée. Hiérarchisez vos priorités : qu'est-ce qui est le plus urgent ? Qu'est-ce qui peut attendre demain ou après-demain ?

23 février

Ne remettez pas votre bonheur à plus tard

« Quand je serai en vacances », « Quand j'aurai fini mes études », « Quand j'aurai un travail », « Quand j'aurai rencontré quelqu'un », « Quand j'aurai déménagé », « Quand j'aurai mon premier enfant », « Quand j'aurai divorcé », « Quand je serai à la retraite ».

Rien ne vous empêche d'avoir des projets et des rêves ! Mais le bonheur commence à la minute présente. Ne le réservez pas au futur.

24 février

Bien plus important que ce que vous faites est la façon dont vous le faites

Autrement dit, c'est la qualité de votre être qui fait celle de vos actions, de vos relations et de votre vie.
Si vous voulez réaliser un projet, mettez-vous au travail avec confiance, joie et enthousiasme. Prenez plaisir à ce que vous faites. Avancez en faisant preuve de patience, de concentration, d'intensité. Votre projet évolue alors dans une ambiance positive. Vous créez les meilleures conditions pour une bonne synergie qui attire des événements favorables et des personnes adéquates pour la mise en œuvre de votre projet.
Important également, tout en travaillant, vous maintenez une relation harmonieuse avec vos proches, sans les torturer, comme la plupart le font, avec vos angoisses et votre stress.

25 février

Calmez le flot des pensées

Dès votre réveil et jusqu'à ce que vous vous endormiez, un flot ininterrompu de pensées vous assaille. La plupart se répètent d'un jour à l'autre.
Vous pensez à ce que vous avez à faire, à vos préoccupations, à vos soucis.
Vous pensez à ceux qui vous entourent.
Vous pensez au passé.
Vous pensez au futur.

Veillez à être le plus possible dans l'instant présent. Cela va calmer votre mental, ce qui est délicieusement reposant.

26 février

Les bonnes initiatives plutôt que les catastrophes

Chaque jour, il se produit des milliards d'événements positifs dans le monde. Mais le journal télévisé ne met en exergue, la plupart du temps, que les catastrophes.
Des millions de passagers atterrissent sains et saufs. Des nouvelles entreprises se créent, des patrons évitent des licenciements, des employés aiment leur travail.

Une foule de personnes, de toutes nationalités, cherchent à améliorer les conditions de vie de leurs semblables.
Ce peut être vous, par votre sourire, par votre écoute, par votre positivité.

27 février

Ne vous posez pas en victime

L'un des pièges les plus fréquents est de vous sentir victime.
C'est un processus à la fois stérile et toxique.
Vous considérer comme une victime vous emprisonne et vous paralyse.
Il ne s'agit pas de nier votre souffrance.
Mais n'en restez pas là. Ne gâchez pas votre vie à souffrir d'avoir souffert. Vous méritez vraiment mieux.

Guérissez les séquelles de votre passé en faisant un travail sur vous-même et donnez du sens à votre histoire.
La vie vous appelle, la vie vous attend…

28 février

Non, l'herbe n'est pas plus verte chez le voisin

Vous ne connaissez pas intimement ces personnes. Elles ne vous ont pas fait de confidences.

Même si vous êtes persuadé que leur sort est plus enviable que le vôtre, elles ont, comme vous, un chemin d'évolution personnelle à parcourir.

Ne vous fabriquez pas des images d'Épinal. Le bonheur ne se conjugue pas forcément avec *avoir*.

Par exemple, un enfant né dans une famille fortunée peut avoir souffert d'un grand manque affectif, car ses parents étaient accaparés par leurs affaires.

29 février

Ne soyez pas jaloux

Des amis font un merveilleux voyage dont vous rêvez et que vous ne pouvez pas vous offrir pour l'instant ; réjouissez-vous du fond du cœur pour eux.
Votre meilleure amie se marie, très amoureuse et très heureuse, et vous n'avez toujours pas trouvé le compagnon qui vous conviendrait. Au lieu de la jalouser, partagez son bonheur. Ayez la même attitude lorsque l'un de vos proches ou un collègue reçoit une promotion.

Se réjouir du bonheur des autres, être sincèrement content de leur prospérité, de quelque nature qu'elle soit, agit comme un aimant pour vous apporter, à vous aussi, bonheur et abondance.

Ce mois-ci
j'apprends à cultiver une attitude positive

Pour changer votre vie, la première étape indispensable est d'apprendre à penser positivement. L'étape suivante, aussi importante sinon davantage, est de veiller à cultiver des ressentis, des émotions, des sentiments positifs.
C'est la clef. C'est le « chemin du cœur » qui vous permet de changer véritablement votre état de conscience et donc votre existence.

Pour apprendre à cultiver des affects positifs, vous avez généralement à travailler sur vos « valises » émotionnelles, engendrées par certaines souffrances de votre enfance et de votre adolescence et par des périodes douloureuses de votre vie.

Vos affects ont un immense pouvoir. Ce sont des énergies qui émettent des fréquences. Ces fréquences ont une influence sur vous-même, votre état de conscience et votre corps. Elles ont une influence sur vos relations et votre entourage. Elles ont une influence sur votre vie.

Vous êtes habitué à considérer que vos affects vous « tombent » dessus et que vous ne pouvez rien faire, sinon les subir et leur obéir. Comme en ce qui concerne vos pensées, vous n'êtes pas l'esclave de vos ressentis, de vos émotions, de vos sentiments.
Si, dès aujourd'hui, vous vous efforcez de prendre conscience de vos affects, de choisir de cultiver une énergie affective positive, votre vie va changer radicalement, parce que vous allez vous « programmer » totalement différemment.

N'oubliez pas : votre véritable bonheur ne dépend pas des événements et des autres. Votre véritable bonheur dépend de vous et uniquement de vous. Il est votre choix et il est intérieur.

1er mars

Soignez l'éclairage, il vous le rendra !

Si l'éclairage de votre salle de bains donnerait 10 ans de plus à Miss France elle-même, tout en la grossissant de surcroît, n'hésitez pas à l'améliorer ou à le changer, le plus rapidement possible.
C'est loin d'être futile.

Commencer et finir la journée face à un miroir qui vous enlaidit systématiquement, n'est pas bon pour vivre positivement.

2 mars

Soyez l'exemple

Bien sûr, vous transmettez des enseignements à vos enfants par ce que vous leur dites. Vous leur donnez des lignes de conduite, vous leur expliquez la vie telle que vous la concevez, vous leur transmettez les valeurs qui sont importantes à vos yeux.

Il est fondamental de dialoguer avec vos enfants, de répondre à leurs questions, de leur faire comprendre la raison de certains interdits.
Mais c'est avant tout l'exemple de ce que vous vivez qui va les structurer.
Cela implique de mettre en application concrètement les valeurs que vous leur enseignez. Évitez les « Fais ce que je dis, mais pas ce que je fais ».

3 mars

Pardonner ne se fait pas en un clin d'œil

Beaucoup de personnes croient sincèrement avoir pardonné.
Souvent, ce n'est pas le cas et les ressentiments enfouis affectent leur vie présente.
Elles projettent sur d'autres êtres – conjoint, enfant, membre de leur famille, amis, relations, collègues – des éléments non résolus et douloureux de leur passé. Ou elles réagissent à certains événements ou à certaines situations en fonction de ce qu'elles ont mal vécu.

Pardonner nécessite un énorme travail sur soi qui implique de faire face à sa frustration, à sa colère, à sa haine.
L'aide d'un psychothérapeute peut être précieuse pour exprimer ses sentiments négatifs et ensuite faire le chemin, étape par étape, pour s'en libérer.

Personne ne peut faire un travail psychologique à votre place… même le prince charmant !

4 mars

C'est lorsque vous êtes en paix et heureux avec vous-même que vous pouvez construire un couple harmonieux.
Si vous ressentez un manque de confiance en vous, un mal-être, des souffrances dues à votre enfance ou à votre passé, décidez de faire un travail psychologique pour vous libérer.
Ne fantasmez pas sur le prince charmant qui vous guérira à votre place. Un compagnon n'est ni une béquille, ni un médicament, ni une baguette magique.

5 mars

Stop à l'ego mytho !

Certaines personnes valorisent leur ego en se plaisant à raconter à l'envi toutes les catastrophes auxquelles elles sont confrontées. « Tu ne devineras jamais ce qui m'est encore arrivé », « Il n'y a qu'à moi que cela puisse arriver », « Il m'arrive toujours des histoires pas possibles », « Avec la chance que j'ai, je crains le pire, comme d'habitude ».

Cela fait peut-être rire leurs amis un temps, mais à la longue, cela finit par les lasser et les fait fuir.
Sans compter qu'à force de jouer les stars de la catastrophe, elles attirent complications sur complications…

6 mars

Les charentaises : au placard !

Les charentaises, ce sont ces bonnes vieilles pantoufles chères à nos grands-parents ou nos arrière-grands-parents. Même quand elles étaient hors d'usage, ils avaient beaucoup de mal à les jeter !

Souvent, vous vous êtes tellement identifié aux conséquences de votre passé, même douloureuses, que vous vous y accrochez désespérément et les répétez inlassablement.

C'est pourtant si délicieux de mettre vos charentaises de la souffrance au placard. Quand vous verrez que vous n'en avez plus besoin, vous pourrez toujours en faire un feu de joie ou les découper en confettis !

7 mars

Arrêtez d'en vouloir à la planète entière !

Vous traînez souvent de lourds bagages émotionnels qui handicapent gravement le voyage que représente la vie.
Vous vous en voulez souvent.
Vous en voulez à votre enfance et à votre famille.
Vous en voulez à ceux et celles qui vous ont fait souffrir.
Vous en voulez à la vie pour ce qui ne s'est pas passé comme vous le souhaitiez.
Stop !

Posez vos valises, faites un travail sur vous-même et débarrassez-vous de toutes ces émotions et tous ces sentiments négatifs qui polluent votre existence.

Personne n'en veut à quelqu'un d'être malade physiquement

Mais on imagine généralement qu'une personne névrosée, atteinte sur le plan de sa santé mentale, pourrait agir différemment, qu'elle pourrait changer, qu'elle le fait exprès, que tout est sa faute, que c'est dirigé sciemment contre nous.

La névrose est une maladie.
Ne portez pas de jugement.
Et n'attendez pas que la personne change pour vous faire plaisir.

9 mars

Ne laissez pas votre affection rester silencieuse

Osez dire aux personnes que vous aimez combien vous les appréciez, remerciez-les pour tout ce qu'elles vous apportent, dites-leur votre joie de les connaître, combien vous êtes heureux qu'elles existent.

Exprimez votre affection à la personne qui partage votre vie, à vos enfants, à vos amis, à vos relations.

N'oubliez pas de parler aussi à vos parents et aux membres de votre famille.

Ayez la joie d'habiter votre corps !

Ne soyez pas tout le temps « dans votre tête » à penser, penser encore, penser toujours. C'est ce que l'on appelle « être dans son mental ». C'est une grande habitude du monde occidental.

Prêtez attention à ce que vous faites :
ce sera beaucoup plus reposant, et de surcroît, beaucoup plus efficace.
Soyez attentif à vos sensations.
Remerciez la vie en vous et autour de vous.

10 mars

11 mars

Même famille et pourtant pas la même histoire !

Aussi étrange que cela puisse paraître, les frères et les sœurs d'une même famille, qui ont strictement la même généalogie, n'ont pas la même psychogénéalogie.
Les parents font des projections différentes sur leurs enfants, selon leur ordre de naissance, leur sexe, leur propre histoire avec leur mère, leur père, les membres de leur fratrie, leurs grands-parents.
Les enfants ne s'identifient pas de la même façon aux membres de leur famille.
Cela inclut des systèmes de répétitions ou de contre-scénarios complètement différents.

L'autre pollution…

L'humanité prend de plus en plus conscience des dégâts de la pollution que les êtres humains engendrent. Il est urgent d'agir pour améliorer le respect de la nature et de la planète.

Il existe une autre pollution. La pollution psychologique.
Imaginez, un seul instant, les milliards de pensées d'incompréhension, de jugement, d'agressivité, de colère, de haine, émises sur cette terre, à cet instant.
Vous suffoquez. C'est normal…
La paix commence en vous.
Vous avez la possibilité de donner de l'amour, dès maintenant.

13 mars

Fuyez le pessimisme choisi par peur d'être déçu

Certaines personnes choisissent d'être pessimistes, parce qu'elles pensent ainsi ne pas être déçues. Elles croient se protéger efficacement de déconvenues.

Si c'est votre cas, par cette attitude, vous vous interdisez tout espoir, tout rêve, toute joie, tout enthousiasme, toute passion.
Cela ne vous apporte nullement la sérénité, mais une morne plaine intérieure.
Vous devenez triste, maussade, sans énergie, comme anesthésié.
Par ailleurs, vous contribuez à faire fuir le bonheur, en cultivant la négativité dans votre esprit et dans votre cœur.

Chacun parle, personne n'écoute

14 mars

La grande majorité des gens dépensent, chaque jour, une énergie considérable à convaincre leur entourage qu'ils ont raison. Ainsi, la plupart des échanges virent au dialogue de sourds.

Au lieu d'asséner vos idées, vos opinions, vos points de vue comme la seule vérité, il serait plus intéressant de vous ouvrir à d'autres façons de penser et de réagir. Nous apprenons énormément de l'infinie diversité des personnes que nous côtoyons. Ce qui ne veut pas dire que vous deviez renoncer, pour autant, à vos certitudes ni à ce qui vous tient à cœur. Apprenez à écouter, tout simplement.

15 mars

Arrêter de *lutter contre*, *agir pour*

Vous avez été éduqué à *lutter contre*. Dès que vous avez une chose à faire, vous imaginez que vous n'allez pas être à la hauteur, qu'il va vous falloir vous donner beaucoup de mal pour y arriver.
Cela a pour effet de vous stresser et de vous rendre la vie beaucoup plus difficile qu'elle ne l'est.
Car, en *luttant contre*, vous faites de tout un problème. De plus, vous l'amplifiez à l'envi.
Ce serait tellement plus agréable et beaucoup plus efficace d'*agir pour*.

Connectez-vous au mystère de la vie

Cultivez les expériences qui donnent des états de conscience privilégiés.
Cela vous connecte au mystère de la vie, à une dimension supérieure, à une ouverture sur l'indicible.

Prenez le temps d'admirer le lever ou le coucher du soleil. Le ciel, le paysage, la lumière, la beauté et l'intensité des couleurs, la puissance de la nature vous relient à votre moi profond. Vous vous sentez en paix, profondément heureux.

17 mars

Chacun sa vérité

La vie confirme ce que vous pensez,
ce que vous ressentez, ce que vous avez au fond de votre cœur.
Ainsi, si vous avez de la haine en vous, vous allez la projeter dans votre quotidien. Elle va influencer la façon dont vous allez interpréter les situations. Elle va également colorer les relations que vous allez tisser avec les autres.
Comme « par hasard », la vie va vous donner raison : « Oui, les patrons sont tous des salauds », « Oui, les femmes sont toutes des harpies », « Oui, les hommes sont tous des cavaleurs ».

Les personnes qui sont en paix avec elles-mêmes, ouvertes, positives, expérimentent une tout autre vérité : « J'ai beaucoup de chance avec mon patron », « Ma femme est délicieuse, quelle joie de l'avoir à mes côtés », « Quel bonheur de si bien m'entendre avec mon compagnon ».

Chacun de nous est unique

Vous aimer, ce n'est pas vous prendre pour la huitième merveille du monde. Personne n'est parfait.
Nous avons tous des qualités et des défauts.
Mais chacun de nous est unique.

Vous aimer, c'est être en paix avec vous-même, tout simplement.
C'est exprimer votre personnalité spécifique et réaliser vos talents d'une façon qui vous est particulière.
C'est vivre en harmonie avec les autres, puisque vous êtes en harmonie avec vous-même.

18 mars

19 mars

Réussir sa vie plutôt que réussir dans la vie

Les normes de la société de consommation valorisent la « réussite dans la vie », mettant en exergue l'ascension sociale, l'argent, les possessions, le pouvoir.
Il est plus sage d'envisager de « réussir sa vie ».

Aimer ce que vous faites est plus précieux que de travailler, uniquement en vue de posséder et d'acquérir. Votre vie personnelle, affective, amicale est également très importante. Ne la laissez pas sous le boisseau. Par ailleurs, le sens que vous donnez à votre vie est fondamental.
Mais la vraie sagesse est de « vous réussir », quelles que soient les conditions extérieures de votre existence. Apprendre, progresser, évoluer, devenir plus conscient, plus aimant, plus heureux, être utile aux autres.
C'est cela l'essentiel.

La vie a besoin de vous

Beaucoup de personnes ont été éduquées à craindre le pire, à redouter les « tuiles » qui peuvent leur tomber sur la tête.
Tout se passe comme si elles étaient convaincues, plus ou moins inconsciemment, que la vie ne les aime pas. Ou plus encore, qu'elle leur est contraire ou franchement hostile.
D'autres projettent sur la vie les souffrances qu'elles ont connues, pendant leur enfance et leur adolescence – une mère dure et peu affectueuse, un père autoritaire et violent, ou qui ne les a pas reconnues.

La vie vous aime. C'est pourquoi vous êtes sur terre.

21 mars

Quelle merveille, c'est le printemps !

Vous vous sentez renaître. Tout bourgeonne, éclot, fleurit. Les jours allongent, la lumière est plus vive.

La nature vous donne un exemple de l'abondance.
La nature ne compte pas, ne se limite pas, croît sans effort, fait l'expérience joyeuse de la vie.
Vous faites partie de la nature.

Retrouvez l'assurance d'un enfant

Vous critiquer, douter de vous, vous « mettre la pression » n'est absolument pas naturel. Vous n'êtes pas né ainsi.

Quand vous étiez enfant, vous étiez plein de vie, de curiosité et d'enthousiasme.
Quand vous avez appris à marcher, chaque jour vous suiviez votre envie de vous déplacer debout sur vos deux jambes, sans vous poser la moindre question.
Vous avez recommencé, encore, inlassablement, jusqu'à parvenir à votre but, ravi de l'atteindre.
Vous ne vous êtes jamais dit : « Je ne vais pas y arriver » ni « Les autres vont rire de moi ».
Soyez en paix avec vous-même.
Aimez-vous et osez oser.

23 mars

Ne répétez pas les erreurs du passé

La plupart du temps, vos parents se sont fait beaucoup de souci pour vous. Ils avaient peur que vous ne soyez pas bien élevé, que vous « tourniez mal », que vous ayez de mauvaises fréquentations, que vous ne réussissiez pas dans la vie, que vous fassiez un mariage inadéquat.

Tout cela n'a guère été sécurisant pour vous. Cela a provoqué beaucoup de manque de confiance en vous et une peur de la vie. Ne refaites pas la même chose avec vos propres enfants.

24 mars

Prenez une habitude qui va changer votre vie

Apprenez à vous remercier et à vous féliciter.
Le soir, remerciez-vous d'être vous-même, félicitez-vous pour avoir accompli tout ce que vous avez réalisé, même si vous vous êtes, enfin, accordé du repos.
Pensez également, avec reconnaissance, à tout ce que vous avez appris aujourd'hui et eu la chance de partager avec les autres.

25 mars

Ne soyez plus la marionnette des événements et de votre entourage

Si les choses se passent comme vous
le souhaitez et que les autres agissent
conformément à vos attentes, ô merveille,
vous êtes heureux.
Dans le cas inverse, catastrophe !

Vivre constamment des hauts et des bas
émotionnels n'est pas de tout repos.
Cela équivaut à passer son existence
sur un grand huit ! Relativisez.
« Après la pluie, vient le beau temps. »
Et, surtout, ne faites plus dépendre votre
bonheur de l'extérieur, mais de votre état
de conscience intérieur.

Penser positivement transforme votre vie

26 mars

À moins d'être masochiste, personne n'aime, *a priori*, les problèmes !
Pourtant, plus vous haïssez ceux que vous avez, plus vous les renforcez et plus vous en devenez prisonnier.
Penser positivement vous permet d'appréhender différemment une difficulté, de la vivre autrement, de la gérer et de la résoudre dans les meilleures conditions.

Il arrive, très souvent, qu'un problème soit une invitation à prendre conscience, à changer des choses dans votre vie, à l'améliorer.
Ce que vous considérez aujourd'hui comme un obstacle peut s'avérer à l'avenir une chance.

27 mars

L'arbre qui cache la forêt

La gratitude est un état d'esprit, un état du cœur, un état de conscience, un état de grâce. Au lieu de vous lamenter sur tout ce qui ne va pas, et ce faisant de l'amplifier, vous vous ouvrez à tout ce qui va bien, ce qui l'accroît et le multiplie.
Au lieu de considérer comme allant de soi tous les cadeaux que la vie vous fait, vous prenez conscience de votre chance et remerciez l'univers de ses bienfaits.

Vous allez vous surprendre, au cours de la journée, à vous réjouir à propos d'une foule de détails auxquels vous ne prêtiez pas attention auparavant.
C'est un peu comme si vous vous réveilliez soudain d'un long endormissement !
Si vous avez des difficultés, elles vont s'en trouver allégées. Elles ne seront plus jamais l'arbre qui cache la forêt.

Renaître à soi-même

28 mars

Écoutons Laure, l'une de mes patientes :
« Mon premier mariage a été une catastrophe. J'ai choisi, non sans mal, de divorcer. Aussitôt après, j'ai décidé d'entreprendre un travail sur moi-même. C'est ce premier échec qui m'a permis de réaliser que je répétais inlassablement les conséquences du non-amour de ma mère. Je ne cherchais pas à être aimée, je cherchais à aimer, à donner, à aider, à soutenir. J'étais attirée par qui allait me rejeter et me faire souffrir, comme dans mon enfance. Grâce à mon divorce et ma psychothérapie, j'ai pu me reconstruire, m'aimer enfin et vivre une véritable relation de couple, heureuse cette fois.
Parfois, il m'arrive, en mon for intérieur, de remercier mon premier mari. Il a été le déclic pour que j'évolue. »

29 mars

Votre intuition sait

Écoutez votre intuition. Elle est là pour vous guider. Elle est le fruit de la connexion de votre moi profond, de votre être intérieur, avec l'univers.

La plupart du temps, quand vous faites des erreurs, c'est parce que vous n'avez pas pris soin de suivre votre intuition.
Vous dites alors « Je m'en doutais », « Au fond, je le savais », « J'aurais dû faire ce que je ressentais ».
Dès aujourd'hui, donnez la priorité à votre intuition. Quitte à déplaire…

Faites des listes

Quand vous vous préparez à un entretien professionnel, faites la liste de ce que vous voulez évoquer avec votre interlocuteur. Cela vous permettra d'être davantage détendu, d'avoir une plus grande écoute, d'être mieux connecté à votre ressenti et à votre intuition. De plus, vous serez sûr de ne pas oublier les points essentiels.

Faites de même dans votre vie privée. Vous avez rendez-vous chez le médecin, vous rencontrez le professeur de votre enfant ? Faites une liste des questions que vous voulez lui poser.

30 mars

31 mars

Aimer pour mieux réaliser

Au travail, rendez-vous la tâche la plus agréable possible.
Plus vous prendrez d'intérêt à ce que vous faites, mieux vous vous sentirez, plus vous serez efficace, sans fatigue inutile.
Certaines personnes, ayant pourtant de lourdes responsabilités professionnelles, sont tellement passionnées par leur activité qu'elles n'ont pas l'impression de travailler.

Plus vous aimez ce que vous faites, mieux vous le réalisez.

Ce mois-ci
j'apprends à méditer

Méditer, c'est tout simple et c'est facile.
Pour quelques minutes, vous n'êtes plus dans l'agitation et le *faire*. Vous prenez un peu de temps pour *être*. Vous accédez à un autre état de conscience. Votre mental se calme, vos émotions s'apaisent, votre corps se repose et se régénère. Vous savourez la vie qui coule en vous.

Première étape, installez-vous confortablement.
Asseyez-vous sur une chaise. Veillez à ce que votre colonne vertébrale reste droite afin de faciliter la bonne circulation des énergies. Pour la même raison, ne croisez ni les bras, ni les jambes. Fermez les yeux ou gardez-les mi-clos, selon votre préférence.

Deuxième étape, restez tranquillement immobile, dans le silence.

Troisième étape, mettez vos préoccupations, vos soucis « au vestiaire » et ne vous attachez pas à vos pensées.
On croit souvent que méditer, c'est ne plus penser. Or, c'est biologiquement impossible. Pour vous aider, un moyen tout simple et très efficace consiste à vous concentrer sur votre respiration sans la forcer. Soyez attentif à votre inspiration, à votre expiration. Laissez passer vos pensées, comme les nuages dans un ciel venté.

Commencez tout doucement. Cinq minutes par jour est un bon début. Très vite, ce qui vous semblait laborieux ou rébarbatif va vous être de plus en plus agréable. Vous prolongerez tout naturellement ce rendez-vous avec vous-même dont vous constaterez les bienfaits au quotidien. Ou bien vous ressentirez le besoin de faire plusieurs courtes pauses de méditation dans la journée. « Méditer a changé ma vie », direz-vous avec bonheur.

1er avril

Personne ne réagit pareil

Vous filtrez la réalité en fonction de vos affects. Il y a ce que vous aimez et ce que vous n'aimez pas. Il y a ce que vous trouvez agréable et ce que vous trouvez désagréable.

Nombre de ces affects sont conditionnés par votre enfance, votre adolescence, votre histoire familiale, les expériences que vous avez vécues.
C'est pourquoi ce qui vous enthousiasme peut laisser de marbre une autre personne, et inversement.

Un couple harmonieux, ce sont deux individus à part entière

Le vieux concept de la « moitié de pomme » est une illusion. La fusion peut être merveilleuse, notamment dans la sexualité et en certains moments privilégiés.
Mais la fusion n'est pas vivable 24 heures sur 24. Vous avez fusionné avec votre mère pendant votre gestation, mais vous avez dû vous séparer d'elle pour vivre.
Le couple, ce sont deux personnes qui s'accompagnent pour chacune évoluer et se réaliser.

3 avril

Soyez patient…

Vous attendiez une réponse positive et,
patatras, c'est tout le contraire qui arrive.
C'est normal que, sur le moment, vous soyez
très déçu.
Si vous avez envie de râler, de pleurer,
de vitupérer, faites-le.
Mais, s'il vous plaît, n'en restez pas là.
Très vite, ressaisissez-vous !
Utilisez votre pouvoir de cocréation,
continuez d'avancer et gardez confiance.

Si ce que vous attendiez ne s'est pas produit,
c'est parce qu'il y a une meilleure solution.
Elle ne va pas manquer de se présenter,
à condition que vous ne lui fassiez pas barrage
par vos regrets, vos peurs et vos doutes.

Gare à la négativité contagieuse !

Veillez à ne pas vous laisser contaminer par le catastrophisme ambiant.
En raison des gorgées quotidiennes d'informations plus alarmantes et plus catastrophiques les unes que les autres, beaucoup de personnes finissent par être persuadées que la vie sur terre n'est qu'une vallée de larmes.
Il en résulte du découragement, de l'angoisse, de l'agressivité, de la violence.

Stop ! Ne vous laissez plus manipuler !
La vie, certes, n'est pas toujours facile, mais elle est merveilleuse et passionnante, surtout si vous apprenez à la vivre positivement, en union avec elle.

4 avril

5 avril

Nous commettons tous des erreurs. Et alors ?

La première étape pour penser positivement quand vous rencontrez une difficulté est de refuser de vous sentir victime d'un funeste sort. Une telle attitude ne vous aidera pas à régler votre problème mais, au contraire, vous paralysera pour trouver des solutions.

La deuxième étape est de ne pas vous culpabiliser. Regretter le passé ne sert à rien. Si vous estimez que vous avez commis une erreur, sachez en tirer un enseignement, au lieu de vous lamenter sur ce que vous n'avez pas fait ou sur ce que vous auriez pu faire. Nous commettons tous des erreurs. Car c'est en vivant que nous apprenons à vivre. L'important est d'en tirer des leçons pour notre présent et notre futur.

Il n'y a rien de plus fatigant que d'être mal organisé

6 avril

Le manque d'organisation dévore votre énergie et vous complique la vie inutilement.
Malheureusement, certaines personnes répugnent à s'organiser.
Si c'est votre cas, cela peut être dû à votre enfance, à des scènes homériques concernant votre désordre, ou aux modèles que vous ont montrés votre père ou votre mère.
Ou encore, vous pensez que cela va être encore une corvée de plus, une contrainte supplémentaire.

Je vous rassure tout de suite, être bien organisé vous libère et vous donne du temps pour vous. Quelle chance !

7 avril

La solitude apprivoisée

Malgré le modèle social de la vie à deux, il existe des personnes qui aiment vivre seules. Certes, ce n'est pas la majorité, mais vous ne les entendrez jamais se plaindre de leur solitude.

Comment font ces gens ?
C'est tout simple, ils se passionnent pour plein de choses et leur vie est loin d'être monotone.
Ils ont souvent besoin de temps pour eux.
Mais ils sont loin d'être des solitaires.
En général, ils aiment leur travail et ils cultivent les contacts et l'amitié.
Communiquer, échanger, dialoguer est de la plus haute importance pour eux.

La sexualité est naturelle

8 avril

La sexualité est une expression naturelle de la vie et c'est pourtant l'énergie qui a été la plus incomprise, la plus déformée, la plus détournée, la plus refoulée.
Les religions y ont largement contribué.
Les mentalités ont beaucoup évolué et on ne peut que s'en réjouir.
Toutefois, si vous sentez que vous êtes, plus ou moins consciemment, bloqué par votre éducation trop rigide, n'en restez pas là.

La sexualité est normale.
Elle n'est pas sale.
Au contraire, elle est même sacrée.

9 avril

Vos vibrations en disent long sur vous !

Par votre attitude, par votre ouverture d'esprit et du cœur, par votre langage corporel, vous émettez des vibrations que les autres captent. Lors d'un entretien, vous accueillez quelqu'un qui se tient voûté, avachi, manifestant de la fatigue, de la tristesse, du découragement. Vous faites de votre mieux pour engager le dialogue. Malgré vos efforts, il semble qu'aucune solution constructive ne puisse émerger.

À l'inverse, vous communiquez aisément avec la personne qui se montre souriante, ouverte, dynamique.
Votre créativité se trouve stimulée et vous êtes ravi de cette discussion constructive.
Pensez-y !

Se faire des cadeaux… même en temps de crise

10 avril

Pierre traverse une passe financière difficile. Il utilise positivement son pouvoir de cocréation. Il ne fait pas l'autruche, il a réexaminé son budget et supprimé certaines dépenses. Il a déménagé pour un appartement plus petit mais très chaleureux dans lequel il se sent bien. Il a négocié un étalement de ses impôts. Il a également vendu divers objets dont il n'avait plus l'utilité.
Il se réjouit chaque jour de l'abondance qui est déjà dans sa vie au lieu de s'inscrire dans le manque et se lamenter. Il se sent rempli de gratitude d'être en bonne santé, d'avoir une relation amoureuse heureuse et de bons amis. Il se fait un petit cadeau, chaque semaine, en ne dépensant pas plus de 10 euros. Il constate que c'est fou comment on peut se faire plaisir avec une petite somme !

11 avril

Voir l'autre côté, pour une fois…

Quand vous aurez le temps – mais prenez-le, ne remettez pas cela aux calendes grecques –, faites la liste de toutes les chances et de tous les bonheurs dont vous avez bénéficié depuis votre conception et votre naissance.

Cela vous paraît bizarre, inutile, fastidieux ? Pourtant à longueur d'année, vous n'hésitez pas à énumérer et à ressasser toutes les frustrations et tous les tracas que vous avez vécus.
Recenser vos déboires ne vous pose aucun problème…
Ce serait bien, pour une fois, d'inverser la vapeur !
Vous allez être surpris de découvrir que vous avez reçu beaucoup de cadeaux de la vie.

Arrêter de se perdre

12 avril

Certaines personnes ont peur du silence
et du moindre instant de solitude.
Elles écoutent la radio ou de la musique dès leur réveil, elles continuent dans les transports en commun ou dans leur voiture.
Il en est de même le soir.
Elles passent des heures, voire une partie de leur nuit, sur Internet, connectées aux réseaux sociaux, aux chats, aux jeux en ligne. Ou elles éteignent leur télévision, après avoir zappé d'une chaîne à l'autre, juste avant d'aller se coucher, ou parce qu'elles tombent de sommeil devant leur poste.

Quand ces personnes auront vaincu leur peur, elles découvriront l'importance du rendez-vous avec elles-mêmes.
Beaucoup plus passionnant !

13 avril

Être en pleine conscience

Un exercice puissant pour changer votre vie, qui ne surcharge en rien votre emploi du temps, consiste à être, tout simplement, à ce que vous faites.

C'est une forme de méditation.

Vous conduisez ? Soyez conscient de le faire au lieu d'agir automatiquement en pensant à mille autres choses.

Vous êtes dans le bus ou le métro ? Concentrez-vous sur ce que vous voyez ou sur le livre que vous avez choisi de lire, sans pensées parasites.

Vous faites votre toilette ? Soyez attentif à vos sensations.

Vous donnez le bain à votre enfant ? Soyez là, ici et maintenant.

Vous faites des courses ? Soyez présent, en chair et en os.

14 avril

Se ménager un sas de décompression

Si vous le pouvez, essayez de vous accorder un sas de décompression quand vous rentrez du travail.
Vous pouvez marcher quelques instants.
Vous pouvez vous relaxer quelques minutes dans votre voiture.
Vous pouvez changer de vêtements. Si vous avez le temps de prendre une douche, c'est encore mieux.
Vous pouvez également écouter de la musique, en vous concentrant sur ce que vous écoutez.
Vous pouvez proposer à vos enfants le jeu suivant : « Et si on se reposait quelques instants en écoutant une histoire » ?

Vous serez plus détendu et plus disponible, ensuite, pour ceux qui vous sont chers.

15 avril

Ne conjuguez pas le bonheur au futur, conjuguez-le au présent

Ne faites pas dépendre votre bonheur de la résolution de vos problèmes actuels.
« Je serai heureuse quand mon fils travaillera bien à l'école », « Je serai heureux quand j'aurai changé d'emploi », « Je serai heureuse quand j'aurai divorcé », « Je serai heureux quand je pourrai acheter une maison », « Je serai heureuse quand ma mère sera rétablie », « Je serai heureux quand j'aurai signé un gros contrat », « Je serai heureux quand je pourrai voyager », « Je serai heureuse quand j'aurai maigri ».

La vie ne consiste pas à ne pas avoir de problèmes.
Elle consiste à les gérer autrement.

Ne vous résignez pas, n'abandonnez jamais !

À tout moment, vous pouvez évoluer. Ce qui a pour effet direct de changer votre état de conscience, donc votre vie.

Rayez de vos pensées et de votre cœur ces phrases pernicieuses et toxiques, telles :
« J'aurais dû », « Je n'aurais pas dû »,
« À mon âge, c'est trop tard », « Ce n'est pas à 60 ans que je vais changer », « Ah, si j'étais plus jeune, bien sûr », « Tout cela, ce n'est pas pour moi ».

16 avril

17 avril

Voyager est une grande chance

Si vous le pouvez, profitez de cette opportunité. C'est l'occasion de découvrir d'autres cultures, d'autres façons de vivre, de mieux comprendre et de davantage aimer les autres.
C'est aussi l'occasion de contempler de nouvelles splendeurs, que ce soit des paysages, des édifices, des œuvres d'art.
C'est, enfin, l'occasion de bouleverser un peu vos habitudes, de manger différemment, de vivre des expériences nouvelles.
Autant que faire se peut, sortez des circuits touristiques pour être davantage en contact avec la population locale.
La barrière de la langue sera vite abaissée par une attitude souriante, amicale, et le précieux langage corporel.

Des vacances… chez soi

Si pour des motifs financiers ou toute autre raison, vous ne pouvez pas prendre de vacances cette année, faites-en, néanmoins, une expérience positive.
Il est parfois très agréable de se reposer chez soi. Toute l'année, on travaille et on ne prend pas toujours le temps de savourer son appartement, sa maison, son jardin.

Une autre expérience très intéressante consiste à redécouvrir son quartier, sa ville, sa région avec un œil nouveau, un œil de touriste. Beaucoup d'activités sont gratuites, au moins certains jours.

18 avril

19 avril

Prenez, chaque jour, quelques instants pour vous

Être à l'écoute de votre intuition nécessite un moment de calme.

Imaginez un lac, une nuit de pleine lune.
Si le vent souffle, des ridules ou des vagues se forment à la surface de l'eau et la lune ne peut se refléter qu'imparfaitement.
Si, au contraire, le temps est serein, la surface du lac devient un miroir.
La lune se réverbère magnifiquement, le ciel et la terre se répondent.

20 avril

« La nuit porte conseil »

Quelle jolie expression de la sagesse populaire.
Et c'est tellement vrai !
Vous travaillez sur un projet, vous avez un entretien professionnel important, vous voulez avoir une discussion constructive avec votre mari, vous souhaitez expliquer certaines choses à votre enfant ?

Faites travailler votre subconscient.
Le soir, en vous endormant, confiez cela à votre moi profond ou à votre être intérieur ou à votre soi, selon le terme que vous préférez.
Vous serez étonné des résultats.

21 avril

Ouvrez le champ du possible

Il n'y a pas que la réalité que vous appréhendez. Par exemple, les êtres humains ne perçoivent pas certains sons ou certaines couleurs, comme les infrarouges ou les ultraviolets.
Ce qui vous paraît solide – la table, une chaise, votre ordinateur – est constitué de molécules et d'atomes en mouvement, avec beaucoup de vide et d'énergie.
Votre corps est en intense activité, vous respirez, votre cœur bat, vos cellules se renouvellent, des milliers d'échanges biochimiques ont lieu tout naturellement, sans que vous en ayez conscience.

Il en est de même sur le plan de votre connexion aux autres et à l'univers.
Quand vous vivez l'instant présent, quand vous vous centrez, quand vous méditez, vous vous ouvrez un autre plan de conscience, *le champ du possible.*

Votre inconscient est immense et multiple

22 avril

Prenons l'image d'un iceberg. Ce que vous appelez « moi », « je », est en quelque sorte la pointe apparente de cet iceberg. La majeure partie est immergée dans l'océan et invisible depuis la surface de la mer. Elle représente la partie inconsciente de votre moi.

Votre inconscient est immense et multiple. Il est biologique, il est personnel et psychologique, il est familial et psychogénéalogique, il est collectif et archétypal (au niveau de certains symboles universels, il se retrouve chez tous les êtres humains), il est aussi mystère…
Émane de lui votre moi profond, votre être intérieur, votre soi.

23 avril

Parler en public sans stress

Les coachs qui forment des personnes à parler en public conseillent, en premier lieu, de respirer profondément pour dissiper le trac.

Ils invitent ensuite à porter attention à son corps, à sentir ses pieds profondément enracinés dans le sol, en relation avec la force d'attraction terrestre, le dos et les épaules souples pour laisser passer l'énergie, la tête connectée avec le ciel, comme si une antenne au sommet de notre crâne nous reliait au cosmos.

Ils conseillent également de parler distinctement, tranquillement, sans redouter les silences.

Ce qui est bon pour les conférenciers l'est également pour vous, dans votre vie quotidienne.

24 avril

Évitez les spectacles déprimants ou violents

Je ne nie pas, bien sûr, que certains films, certains feuilletons, certaines pièces de théâtre, certains livres de ce type témoignent de beaucoup de talent de la part des acteurs, des auteurs et des metteurs en scène.
Toutefois, les œuvres déprimantes vous affectent négativement.
Les spectacles violents véhiculent des images qui imprègnent votre mémoire et votre inconscient. Certaines ne manqueront pas de ressurgir dans vos rêves.

Les enfants et les jeunes sont particulièrement perméables à la violence, sous toutes ses formes.
Protégez-les avec amour et conscience.

25 avril

Une personne vous fait un compliment

Vous rougissez, vous êtes gêné, vous avez tendance à l'éluder et à le minimiser, au lieu de remercier et de vous réjouir.
On vous fait une critique ou une réflexion désagréable.
Vous avez tendance à la ruminer pendant des mois…
À croire que les êtres humains cultivent un certain masochisme !

Face à une critique, demandez-vous, en votre âme et conscience, si elle est fondée.
Si oui, voilà une excellente occasion d'améliorer quelque chose en vous. Sinon, c'est une projection de la personne qui l'a émise.
Rien qui vaille que vous vous mettiez dans tous vos états…

Ranger chez soi pour ranger en soi

Si vous avez une tendance au désordre, ranger davantage et mieux est une clé pour vous rendre la vie plus agréable et plus positive.
Perdre du temps à chercher quelque chose pendant des heures, parfois sans succès, n'est pas très plaisant.
Il ne s'agit pas de devenir obsédé par un ordre rigoureux, mais de vous faciliter l'existence.

Vous pouvez commencer, petit à petit, par un placard, un tiroir.
Vous constaterez assez vite que ranger votre intérieur range aussi votre tête, repose votre mental et vous fait beaucoup de bien.

27 avril

Osez dire non !

Beaucoup de personnes ont du mal à dire non, sans toutefois en avoir pleinement conscience.
La plupart du temps, vous ne dites pas non parce que vous faites passer systématiquement les autres avant vous.
Vous ne dites pas non parce que vous n'êtes pas à l'écoute de vos propres besoins.
Vous ne dites pas non parce que vous avez peur d'être impoli, ou de déplaire, ou de vexer.
Vous ne dites pas non parce que vous avez peur de ne plus être estimé ou de ne plus être aimé.

Et si vous essayiez ?

Ni oui ni non…
quelle tristesse !

L'un des grands inconvénients de ne pas savoir dire non, c'est que cela vous empêche de dire oui véritablement.
Exprimer un vague borborygme – « hum », « ben », « bof », « ouais » – n'a rien à voir avec un vrai oui.
Acquiescer en traînant les pieds – « pourquoi pas », « si tu veux », « puisque tu y tiens » – n'est pas non plus un oui franc et massif.

Tout cela n'est guère enthousiasmant.
Vous allez ressentir de l'ennui, de la frustration, de la tristesse, de la colère.
Vous n'allez pas tarder à vous sentir victime et à en vouloir aux autres.

29 avril

Ce n'est jamais facile de vivre une rupture

Même si c'est votre choix.
Autrefois, on tournait peu à peu la page.
On faisait le bilan de cette expérience,
puis on s'ouvrait de nouveau à la vie.
Aujourd'hui, la vraie rupture est beaucoup plus lente.

La vraie rupture intervient quand on cesse d'épier la vie de l'autre, ses éventuelles rencontres, son nouvel amour sur Facebook. La vraie rupture se fait quand, enfin, on se coupe du Facebook de l'autre.

Faites circuler !

Beaucoup de personnes ont leurs placards encombrés de choses dont elles ne se servent plus depuis des années, que ce soit des vêtements ou des objets.
Mais leur éducation les pousse à les garder « au cas où » – « On ne sait jamais », « Cela pourra toujours servir », « Si je grossis », « Si je maigris ».
Ce faisant, elles manifestent ainsi, sans s'en rendre compte, la peur de manquer.

L'abondance est une énergie fluide.
Ne la bloquez pas en faisant de la rétention.
Faire un peu de vide va vous libérer et vous permettre de vous ouvrir au nouveau.
De plus, cela pourra rendre service à d'autres.

30 avril

Ce mois-ci
j'apprends à me détendre

Vous relaxer vous permet de vous détendre et aussi de vous connecter à votre subconscient et à votre intuition.

Vous pouvez vous accompagner d'une musique appropriée, si vous le souhaitez.
Installez-vous confortablement, assis ou allongé.
Fermez les yeux et respirez tranquillement.

Vous détendez votre corps. Pour vous aider, vous pouvez contracter vos jambes, puis les relâcher. Faites de même avec vos autres muscles, en remontant jusqu'à votre visage et votre cuir chevelu. Imaginez une à une les sept couleurs de l'arc-en-ciel. Commencez par le rouge, en visualisant la couleur rouge ou des objets de couleur rouge qui vous plaisent. Passez ensuite à l'orange, au jaune, au vert, au bleu clair, au bleu foncé et au violet.

Vous pouvez vous arrêter là si votre temps est limité. Prenez soin de vous étirer et ouvrez tranquillement les yeux. Sinon, continez…

Imaginez un escalier qui vous plaise et montez tranquillement les marches, en comptant de 1 à 10. Vous êtes devant une belle porte, que vous choisissez conforme à votre goût. Ouvrez cette porte : vous accédez à votre jardin intérieur. Laissez libre cours à votre imagination. Dans ce jardin intérieur, vous pouvez faire des relaxations très variées : poser les questions qui vous intéressent à votre être intérieur, écouter les messages de votre intuition, dialoguer avec des personnes connues que vous faites apparaître, laisser votre créativité vous inspirer…

1er mai

Cultivez votre bonheur !

Tout le monde rêve d'être heureux, mais bien peu de gens le sont véritablement parce qu'ils ne font pas de leur bonheur leur priorité absolue, *ici et maintenant*.
La plupart sont pris par leurs nombreuses activités, ne cessent de courir et d'avoir mille choses en tête, sont accaparés par leurs soucis et ne voient passer ni le temps ni la vie. Happés par le monde extérieur, ils oublient tout simplement de veiller à leur monde intérieur.

2 mai

Vibrez de bonheur !

Veillez à vous maintenir dans un état de conscience ouvert, positif, confiant et joyeux.
Vous émettez alors dans l'univers une vibration de bonheur et d'enthousiasme.
Vous émettez ce que vous recevez, c'est une loi de la vie.
Mais ne cherchez pas à anticiper les différentes formes de ce retour.
Laissez la vie danser avec vous.

3 mai

Réveillez-vous !

Il n'y a aucune raison de prolonger une relation amoureuse douloureuse par peur de la solitude, par crainte de ne pas rencontrer quelqu'un d'autre, par manque d'estime de soi, voire par masochisme.
Osez vous réveiller et mettre un terme à ce qui est toxique pour vous.

Parallèlement, n'en restez pas là.
Ayez le courage de vous remettre en cause.
Faites un travail sur vous-même pour comprendre ce qui vous a conduit à vous mettre dans une telle situation.
Libérez-vous pour être à même de rencontrer, la prochaine fois, quelqu'un capable d'aimer.
Et bien sûr, cela commence par apprendre à vous aimer vous-même...

4 mai

Notez, notez…

Pourquoi vous fatiguer en gardant tout en tête ? D'une part, vous risquez d'oublier. D'autre part, votre esprit et votre cœur ont beaucoup mieux à faire : vivre l'instant présent.

Alors notez.
Notez sur votre agenda.
Notez sur un petit carnet ce qui vous vient à l'esprit.
Faites des listes : liste des choses à faire, liste des courses, liste pour les valises, liste des anniversaires, etc. Cela fera le plus grand bien à votre tête !

5 mai

« Rien ne sert de courir, il faut partir à point »

Beaucoup de personnes se créent des stress répétés inutiles en étant systématiquement en retard.
Si c'est votre cas, prenez courageusement ce problème en main.

Souvent, vous croyez pouvoir faire mille choses avant de vous mettre en route, pour aller au bureau ou à un rendez-vous, pour conduire et chercher vos enfants à l'école.
Il n'en est rien. Allégez votre programme.
Partez plus tôt.
C'est tellement agréable d'avoir quelques minutes d'avance.
C'est du temps pour vous, pour respirer, pour vous détendre, pour vous centrer.

6 mai

Le malheur attire le malheur

Sylvie traverse une passe financière difficile. Elle utilise négativement son pouvoir de cocréation.Elle se fait constamment du souci, vit dans la peur et dans l'angoisse, perd le sommeil.
L'état de panique dans lequel elle se met fait que ses difficultés augmentent jour après jour, jusqu'à devenir, à ses yeux, aussi insurmontables que l'Himalaya.
Elle devient incapable de trouver la moindre solution. Elle se croit victime d'un sinistre sort. Elle broie du noir et ne voit que des perspectives déprimantes autour d'elle. Elle ressasse toutes les catastrophes de l'actualité. Elle finit par lasser ses amis et les personnes qui tentent de l'aider. Elle ne fréquente plus que des personnes comme elle…

L'inverse est également vrai. Cultivez une attitude positive car elle engendre les solutions. Le bonheur attire le bonheur.

Les personnes de votre entourage n'ont pas que des défauts

7 mai

Si vous vivez en couple, faites la liste des qualités de votre conjoint. Je sais, votre conjoint vous agace et vous exaspère parfois, mais n'en restez pas là.

Si vous êtes parent, faites la liste des qualités de vos enfants.
Si vous vivez en famille recomposée, faites la liste des qualités de vos beaux-enfants. Ils en ont toujours, même s'ils sont en pleine rébellion adolescente.
Faites aussi la liste des qualités de vos parents, même si tout n'a pas toujours été facile entre vous, et celles des membres de votre famille.
Faites la liste des qualités de vos amis.
Et n'oubliez pas celles de votre patron et de vos collègues.

8 mai

Le pouvoir d'un mot…

Au cours de la journée, la répétition dans votre esprit d'un simple mot peut vous aider à maintenir le cap et penser positivement. Plus encore, ce mot va résonner dans votre cœur, et vous faire vous sentir beaucoup mieux.
La liste est infinie…
Par exemple : « joie », « bonheur », « confiance », « amour », « abondance », « succès », « patience », « paix », « gaîté », « rire ».
Ce peut être aussi un élément de la nature que vous aimez particulièrement : « soleil », « chaleur », « neige », « forêt », « bougainvillier », « rose ».

Amusez-vous et variez ce petit mot synonyme de joie de vivre.

Vous êtes tout excusé !

Oser dire non peut se faire en douceur, en veillant à ne pas froisser, blesser, choquer ni vexer.
Vivre positivement, ce n'est pas mentir à tout bout de champ !
Cependant, « les pieux mensonges » – pour reprendre une expression devenue un peu désuète – ont parfois du bon…

Vous n'avez pas envie de vous rendre à une invitation, pour des raisons qui vous sont propres ?
Vous pouvez remercier et décliner poliment l'offre, en inventant une excuse qui ménage la susceptibilité des personnes qui ont eu la gentillesse de vous inviter.
Vous respecterez ainsi vos hôtes et vous vous respecterez.

9 mai

10 mai

Inversez la vapeur !

Contrairement à ce que l'on croit habituellement, il n'y a pas de meilleur moyen pour faire progresser un enfant ou un adulte que de le féliciter.
Généralement, on critique, parfois avec véhémence, ce qui ne va pas et on se tait quand cela va bien, comme si cela allait de soi.

La satisfaction d'être reconnu donne immédiatement confiance en soi et suscite, irrésistiblement, l'envie de faire encore mieux, de se dépasser.
Cela encourage l'initiative et la créativité.

Petit truc pour grand effet

Si vous prenez le temps d'organiser votre journée et votre semaine en listant ce que vous avez à faire, cela vous permet de hiérarchiser vos priorités.
Qu'est-ce qui est très urgent et ne peut attendre ?
Qu'est-ce qui peut être fait demain ou après-demain, ou les jours suivants ?

Cela vous aidera à mieux gérer le stress et à faire face aux imprévus qui ne vont pas manquer d'arriver, ils font partie de la vie.

11 mai

12 mai

Le libre choix

Avant de dire non, avant de dire oui, prenez le temps de réfléchir, de ressentir, d'écouter votre intuition.

Pour changer votre vie, osez faire vos propres choix, librement.

Ce n'est pas de l'égoïsme.

Vous ne pouvez pas prétendre aimer les autres si vous ne vous aimez pas vous-même.

Tout ce que vous faites à contrecœur est toxique.

Si vous devez entreprendre une corvée indispensable, décidez de la faire paisiblement et joyeusement, sans attendre.

Elle sera d'autant plus légère.

Ne faites plus une montagne d'une taupinière

13 mai

Changer votre vie, ce n'est pas ne plus avoir de problèmes, c'est développer un autre état de conscience face aux difficultés que vous rencontrez.
Vous les considérez et les gérez alors d'une manière totalement différente.
Cela vous évite également, dans bien des cas, de faire vous-même votre malheur, en voulant que tout se passe rigoureusement comme vous l'entendez et le désirez, selon vos points de vue du moment. Qu'il s'agisse des événements ou des personnes qui vous entourent.

14 mai

N'attendez pas le bonheur des autres

Aucun homme, même le plus solide, le plus aimant, le plus attentionné, ne pourra vous rendre heureuse à votre place.
Aucune femme, même la plus tendre et la plus affectueuse, ne pourra vous apporter le bonheur que vous n'avez pas en vous.
Jamais un enfant ne vous rendra heureux si vous ne l'êtes déjà en vous-même.

Vous le valez bien

Faites-vous des petits cadeaux, prenez soin de vous, traitez-vous avec respect et amour.
Une amie qui a traversé une période financière difficile s'offrait, chaque jour, un pain au chocolat qui représentait pour elle, à l'époque, le comble du luxe.
Cela lui a permis de surmonter beaucoup plus facilement cette épreuve, en s'ouvrant à l'abondance, et elle a retrouvé rapidement la prospérité.
Offrez-vous des fleurs, ne serait-ce qu'une seule, ou une plante fleurie.
Vous le méritez.

16 mai

Qu'est-ce qui fait que soudain, on se met en colère ?

En général, c'est parce que la personne se sent impuissante.
Par exemple, vous n'arrivez pas à vous faire obéir de votre enfant. Après avoir répété et répété encore, vous explosez.

N'en restez pas là.
Laissez passer l'orage et parlez tranquillement ensuite. C'est une excellente occasion pour donner un enseignement sur les sentiments humains à votre fils ou à votre fille.
Si vous avez dépassé les bornes, vous pouvez vous excuser.
C'est aussi l'occasion d'un dialogue. Expliquez à votre enfant que son attitude est très difficile pour vous, ainsi que les raisons qui vous motivent. Et essayez de trouver ensemble des solutions.

17 mai

Pourquoi tout devrait se faire avec effort ?

Votre éducation et la culture occidentale du *faire* ont pour effet de vous convaincre de la nécessité de faire beaucoup d'efforts et de vous donner « un mal de chien » pour réaliser ce que vous souhaitez.

Regardez la nature.
L'herbe pousse, les fleurs éclosent, les arbres grandissent, les marées alternent.
Toute cette alchimie est en corrélation d'amour avec le soleil et l'air, la terre et l'eau, ou avec la lune.
Tout se passe sans effort, dans la joie d'exister.
Aimez ce que vous faites, c'est le plus puissant des facteurs de réussite.

18 mai

Il n'y a pas de honte à se faire aider

Contrairement à une idée encore largement répandue en France, on ne consulte pas un psychothérapeute parce que l'on est fou, mais pour vivre mieux et se réaliser.
Il est très difficile de se libérer, seul, de ses bagages émotionnels, de son manque de confiance en soi, de ses blocages, de ses frustrations, de ses ressentiments, de ses souffrances.
Une psychothérapie peut grandement vous aider à sortir de la négativité et à changer positivement votre vie.
Faire un travail sur soi, c'est renaître à soi-même et à la vie.

Arrêtez les dégâts !

Parfois, certaines personnes se mettent, d'elles-mêmes, dans une spirale infernale.
Elles se considèrent victimes de leur passé et ressentent de la haine.
Elles n'ont pas « digéré » le comportement de leur mère, de leur père ou de certains membres de leur famille.
Ou encore, elles n'ont pas dépassé des événements douloureux.
Elles se vengent en se condamnant à l'échec et au malheur, croyant punir, à travers elles, les personnes qui leur ont fait du mal.

En fait, elles se vont vivre un enfer à elles-mêmes et à personne d'autre.
Souffrir indéfiniment d'avoir souffert est un gâchis épouvantable.

20 mai

Lâcher prise est d'une grande sagesse

Lâcher prise ne veut nullement dire laisser faire.
En ce qui vous concerne, vous faites tout ce que vous pouvez, de votre mieux, en mettant votre cœur à l'ouvrage.
Puis vous lâchez prise sur l'anticipation des résultats.
Vous laissez l'univers prendre le relais.
En ce qui concerne les autres, vous les laissez être tels qu'ils sont, sans chercher à les transformer.

Ne soyez plus la marionnette de votre ego

21 mai

La culture judéo-chrétienne a, souvent,
très mal interprété les Écritures.
« Bienheureux les pauvres » ne signifie pas
du tout « Bienheureux ceux qui manquent
d'argent ».
Il s'agit des « pauvres en esprit ».

Être pauvre en esprit, cela implique de ne pas
être la marionnette de son ego.
L'ego est antinomique avec un état de béatitude
et de bonheur.
L'ego vous pousse à vouloir que les choses
se passent absolument comme vous le désirez
sur le moment, quitte à le regretter ensuite.
L'ego vous pousse également à vouloir
absolument que les autres agissent comme
vous le souhaitez, quitte à vous entêter dans
l'erreur.

22 mai

Vous faites partie du tout

La spiritualité n'est pas réservée
aux personnes qui croient en Dieu.
La spiritualité consiste, tout simplement,
à prendre conscience que vous êtes un être
humain, certes plongé dans un monde matériel,
mais que vous avez un esprit.
Cet esprit peut voyager dans le temps
et dans l'espace, alors que votre corps
est tranquillement assis.
Par votre esprit, vous créez et vous êtes relié
aux autres et à l'univers.
La spiritualité, c'est redécouvrir le sens
du sacré dans votre vie.

23 mai

On a souvent peur de ce que l'on ne connait pas

Le racisme est toujours fondé sur la peur et la méconnaissance.
D'autres êtres humains n'ont pas les mêmes façons de vivre, la même culture, les mêmes croyances.
Les personnes racistes, souvent, ne connaissent que très peu le monde des personnes qu'elles fustigent. Elles le rejettent en bloc parce qu'elles craignent d'être débordées, manipulées, agressées, dominées.
Bien souvent, il y a longtemps, les populations de deux villages voisins se critiquaient mutuellement, voire se haïssaient.
Les nouvelles technologies dont Internet et les raisons sociaux, les voyages de plus en plus démocratisés, vont contribuer à une meilleure connaissance et à une plus grande fraternité entre les peuples.

24 mai

Sonnette d'alarme !

Écoutons Marie, une patiente :
« Quand j'ai appris que j'avais un cancer du sein, je me suis écroulée en larmes. Puis je me suis ressaisie et j'ai traversé, du mieux que je le pouvais, l'opération, la chimiothérapie et la radiothérapie. J'ai réalisé que cette épreuve était une sonnette d'alarme et j'ai décidé de faire une psychothérapie à la fin de mon traitement. J'ai réalisé que mes blocages psychologiques, dus à une éducation très rigide, m'empêchaient d'être heureuse et de savourer pleinement la vie. J'étais en train de me tuer à petit feu. Maintenant, je suis en paix avec moi-même, j'ose faire plein de choses qui me passionnent, j'aime des personnes qui me sont précieuses. Cette épreuve m'a permis de renaître à moi-même. »

25 mai

10 qualités, pas 1 de moins !

Mieux vous allez vous connaître, plus vous allez pouvoir vous réaliser.
Bien sûr, vous êtes unique, vous êtes multiple, et chaque être humain est un mystère qu'il est impossible de déchiffrer totalement.
Toutefois, faites la liste de vos qualités, même si vous ayez plutôt l'habitude de ressasser vos manques, vos imperfections et vos défauts !
Ne lâchez pas prise tant que vous n'en avez pas trouvé, au moins, dix.
Faites fleurir ces qualités dans votre quotidien.

26 mai

Cessez de critiquer à tout bout de champ !

La plupart des êtres humains ont une habitude tellement ancrée en eux qu'elle en devient une seconde nature : ils critiquent les autres à tout bout de champ, sans vergogne et à l'emporte-pièce.

Pourquoi faire aux autres ce que vous ne voudriez pas qu'on vous fasse ?
De plus, vous jugez en fonction de vos systèmes de référence, liés à votre enfance, votre famille, votre éducation, votre culture, les expériences de votre passé.
Vous ne détenez pas la vérité avec un grand V !
Si une personne est franchement désagréable, peut-être auriez-vous un comportement bien pire si vous aviez traversé ce qu'elle a vécu.

La méditation en partage

27 mai

Apprendre à méditer à vos enfants est
un grand cadeau que vous pouvez leur faire.
Bien sûr, ils méditeront moins longtemps
que vous quand vous en aurez pris l'habitude.
Cinq minutes par jour peuvent les aider
à calmer leur esprit, à se ressourcer et à faire
l'expérience de se recentrer.
C'est un puissant exercice qui améliorera
leur potentiel d'attention et de concentration.
Vous pouvez méditer en couple et en famille.
Cela approfondira votre lien.

28 mai

Se souvenir des belles choses…

Vivre le plus possible au présent est essentiel pour votre bonheur.
Ressasser le passé est toxique.
Mais il n’est pas interdit, bien au contraire, de savourer les petites madeleines (chères à Proust) que constituent vos souvenirs heureux ! C’est même un exercice bénéfique de visualisation.

Remémorez-vous les moments d’amour, de joie, de partage.
Remémorez-vous les merveilles visitées en voyage.
Remémorez-vous tout ce qui vous a rendu heureux et soyez-en reconnaissant.

Réfléchissez bien avant de dire oui

Prenez le temps de vous centrer et d'écouter votre intuition.
Combien d'amis ont décidé, à la fin d'un dîner, de partir en vacances ensemble ?
Or les vacances ont rapidement tourné au cauchemar, compte tenu des différences importantes qui les opposaient dans la gestion de la vie quotidienne.
Pire encore, ces personnes qui s'entendaient bien et aimaient se retrouver, sont revenues totalement fâchées — parfois définitivement.
Ce n'est pas la même chose de partager certains moments agréables et de l'intimité pendant 15 jours...

30 mai

Osez mettre en œuvre ce que vous ressentez profondément

Un patient, malgré les mises en garde de son entourage, a changé de carrière avec succès à 50 ans.
Une patiente, en dépit des pressions de sa famille et de ses relations amicales, a surmonté sa peur et a divorcé de son mari, personnage riche et influent.
Un autre patient a décidé de cesser de vivre dans le secret qui l'étouffait et a révélé son homosexualité.
Une autre patiente a décidé de se prendre en main et, avec l'aide d'un médecin spécialiste, a perdu 19 kilos.
Toutes ont eu raison.

Plus + plus = moins

Plus vous monterez en épingle vos conflits avec quelqu'un, plus vous y penserez et les ressasserez, plus vous en parlerez autour de vous, plus vous vous plaindrez et vous lamenterez, plus vous ferez une bête noire de la personne, plus vous amplifierez le problème qui vous obsédera et vous dévorera.

S'il est parfaitement normal de parler à ses amis, attention, toutefois, à ne pas confier vos difficultés à des personnes qui ne vous seront d'aucun secours et qui risquent de contribuer à renforcer vos ressentiments et votre haine. Les amis projettent sur votre situation leur propre vécu, leurs propres limites, voire leurs propres conflits non réglés.

31 mai

Ce mois-ci
j'apprends à visualiser

Vous visualisez souvent, mais sans le savoir.
Vous vous remémorez des moments agréables d'amour, d'amitié, de partage.

Vous pensez au dernier voyage que vous avez fait et vous retrouvez le bonheur des sensations que vous avez vécues. Vous visualisez également, hélas, des scènes qui vous ont fait souffrir. Et, parfois, vous imaginez le pire et vous vous créez, de toutes pièces, des scénarios catastrophes.

Le fait d'utiliser la visualisation positivement peut puissamment vous aider. Cela s'appelle « la visualisation créatrice ».

Vous avez un projet, par exemple, déménager. Après avoir fait la liste de ce que vous souhaitez, visualisez-vous, confortablement installé, joyeux, heureux, ravi dans ce nouveau lieu.
Contrairement à certains livres sur le sujet, qui vous invitent à dessiner et à imaginer, dans les moindres détails, la maison ou l'appartement de vos rêves, je vous conseille, tout simplement, de visualiser votre bien-être : vous vous sentez bien, très bien. Cela permet, souvent, de trouver mieux que ce que vous auriez pu imaginer. Et vous vous en trouverez mieux que vous ne pourriez l'imaginer.

Il pleut et cela vous rend maussade ? Visualisez un paysage, un lever ou un coucher de soleil, une fleur, ce que vous aimez et qui vous donne de la joie.Vous avez une réunion importante ?
Préparez-la au mieux, puis ressentez que tout se passe dans les meilleures conditions et que vous sortez très content des résultats. Vous verrez, ça marche !

1er juin

Vous avez une tête, un mental mais aussi un corps

Dans la société occidentale, l'éducation, l'enseignement et la culture mettent en exergue tout ce qui est de l'ordre de l'intellect, du raisonnement et de la logique.
La plupart des personnes vivent dans leur tête et dans leur mental.
Par exemple, beaucoup de gens n'ont conscience de leur corps qu'en certaines occasions, lors des relations sexuelles, dans la pratique d'un sport ou quand ils éprouvent une douleur physique.

Quand vous êtes debout, ressentez vos jambes et vos pieds.
Si vous êtes assis, prenez conscience de votre dos et de vos fesses.

2 juin

Nous sommes double

Chaque être humain, qu'il soit né homme ou femme, a deux polarités. Nous avons tous « un homme intérieur » et « une femme intérieure ».

Pour être équilibré, il est important de prendre conscience de ces deux éléments complémentaires de votre personnalité, de les développer à parts égales et de les harmoniser. De plus, cela évite cette sempiternelle et archaïque guerre des sexes, « les hommes ceci », « les femmes cela », qui s'enflamme à la moindre étincelle !

Remerciez l'homme qui est en vous...

3 juin

Votre « homme intérieur » est la potentialité qui permet de vous structurer et de mettre en œuvre ce que vous souhaitez réaliser. Intellectuellement, il vous aide à analyser, raisonner, comparer, synthétiser et hiérarchiser. C'est, en quelque sorte, l'ordinateur de votre cerveau. Affectivement, il vous permet également d'analyser, de canaliser et de choisir.

C'est lui qui vous aide à prendre des décisions et à les mener à bien, que ce soit sur le plan de votre créativité ou sur celui de votre vie corporelle et matérielle.

4 juin

… sans oublier la femme qui est en vous

Votre « femme intérieure » est ce qui vous relie à vous-même, aux autres, à l'univers. Intellectuellement, elle vous permet de vous connecter à votre intuition et de l'écouter. Affectivement, elle correspond à toute la richesse de vos émotions, de vos ressentis, de vos sentiments.

Votre femme intérieure est en union avec la vie. Pour prendre une image, c'est le souffle qui gonfle les voiles du bateau.
Elle est une grande amie de votre moi profond.

5 juin

Ne soyez pas trop modeste

Il se peut que votre éducation, même si vos parents n'étaient pas croyants, vous ait enseigné la modestie et l'humilité. « Ne te mets pas en avant », « Laisse les autres parler », « Pour qui te prends-tu ? », « Ce que tu es prétentieuse », etc.

Là encore, c'est généralement le fruit d'une mauvaise interprétation des Écritures.
Il est écrit dans les Évangiles « Aime ton prochain comme toi-même ».
Hélas, le « comme toi-même » a été mis aux oubliettes.
Réjouissez-vous d'exister, tel que vous êtes, imparfait certes, mais unique.
Cela vous permettra également d'être beaucoup plus tolérant avec les autres en les acceptant tels qu'ils sont.

6 juin

L'amitié est à cultiver

C'est une très belle forme d'amour. Parfois même plus réelle que le sentiment amoureux ou conjugal, car elle est moins possessive et moins exclusive.
Généralement, les amis intimes sont peu nombreux. On dit qu'on les compte sur les doigts d'une main. Ils sont d'autant plus précieux.

Prenez soin de vos amis, ne laissez pas vos activités vous dévorer complètement.
L'amitié est un magnifique jardin.
Elle nécessite de lui consacrer du temps et de l'attention.

Vous êtes le maître à bord

Vous respecter et vous aimer implique de faire le point, dès maintenant et régulièrement, honnêtement, paisiblement, courageusement. Qu'est-ce que je ressens ? Qu'est-ce que j'aime ? Qu'est-ce qui me fait plaisir ? Qu'est-ce qui me convient ? Qu'est-ce qui me donne de la joie et du bonheur ? Qu'est-ce que je peux améliorer ? Qu'est-ce que je veux changer ? De quoi est-ce que je ne veux plus ? Qu'est-ce qui est toxique pour moi ?
Ne cherchez pas de faux coupables ou de fausses excuses comme « C'est la faute des autres » ou « Avec la crise, je suis bien obligé de subir ».

C'est votre vie, c'est vous le capitaine du navire. Qu'est-ce que vous pouvez transformer, dès aujourd'hui, pour être davantage vous-même et vivre mieux ?

7 juin

8 juin

Ne laissez personne gâcher votre vie

Autant le savoir tout de suite, et faire avec (vous éviterez ainsi pertes d'énergie, frustrations et déconvenues) : la personne qui vous ennuie, vous perturbe ou vous exaspère ne va pas se transformer, d'un coup de baguette magique, pour vous faire plaisir. N'en déduisez pas, cependant, que vous êtes pieds et mains liés face à cette situation.

Vous pouvez changer vos réactions et votre niveau de conscience.
Plus vous accorderez d'attention à ce problème, plus il s'amplifiera.
Ne laissez à personne le pouvoir de vous gâcher la vie. Vous valez beaucoup mieux.

Le silence est d'or

Quand vous le pouvez, accordez-vous quelques minutes de silence.
N'ayez pas peur de vous retrouver, calmement, avec vous-même.
Le silence est apaisant et régénérant.
Il vous permet de vous centrer et d'être davantage à l'écoute de votre voix intérieure.
Évitez les lieux trop bruyants qui ont tendance à vous épuiser.
Les sons de la nature, le chant des oiseaux sont les grands amis du silence, particulièrement le matin et le soir.

10 juin

Prise de conscience

N'attendez pas de vous remettre d'un épisode physiquement douloureux, comme une rage de dents ou un mal de dos, pour remercier chaque jour votre corps.
Quel bonheur d'être en bonne santé.
Quel bonheur de ne pas avoir mal.
Quel bonheur d'avoir ces merveilleux outils que sont vos cinq sens, vos bras, vos mains, vos jambes, vos pieds.
Pensez à ceux qui n'ont pas la même chance que vous et envoyez-leur des pensées de respect et d'amour.

11 juin

Une pulsion chocolat, c'est bon pour moi !

Le chocolat est un excellent antidépresseur. Il contient un releveur de la sérotonine, un neuromédiateur qui influe sur votre dynamisme et votre joie de vivre. Quand la sérotonine est en baisse, votre moral a tendance à se mettre en berne.

Si vous ressentez des « pulsions chocolat », ce n'est pas par hasard, respectez-les et régalez-vous, sans culpabilité. C'est tout simplement le signe que votre corps en a besoin. Privilégiez le chocolat noir à 70 % de cacao qui ne fait pas grossir.

12 juin

Émancipez-vous du passé !

Vos grands-parents, parfois vos parents, ont connu la guerre et les privations.
Les assurances santé n'étaient pas alors ce qu'elles sont actuellement, les possibilités de crédit étaient rares, les lois sociales beaucoup moins protectrices.
Il en résulte que l'inconscient collectif a intégré la notion de manque.
Dépenser l'argent pour son plaisir était très mal vu. Il fallait économiser, épargner, avoir de l'argent devant soi en cas de « coup dur ».
Évidemment, cette mentalité est antinomique avec la notion d'abondance.
L'argent est une énergie qui, comme toutes les énergies, a besoin de circuler. Équilibrez votre budget bien sûr, mais osez-vous faire plaisir.

13 juin

1 personne, plusieurs réalités

Il y a plusieurs années, un journaliste de *Libération* a eu une idée géniale de reportage pendant l'été.
Il avait trouvé un carnet d'adresses perdu, avec le nom de son propriétaire.
Il a eu l'inspiration de contacter les personnes figurant dans ces pages et de les interviewer à propos de leur ami ou relation.
Les témoignages recueillis décrivaient le propriétaire du carnet d'adresses de manière totalement différente selon les personnes interrogées !

14 juin

Vivre chaque minute comme si c'était la dernière…

Une sage attitude consiste à vivre comme si vous pouviez mourir ce soir.
Rassurez-vous, ne vous angoissez pas, vous passez sur un autre plan, en quittant la vie en un instant, sans souffrir.
Le but est de prendre conscience de l'essentiel.

L'essentiel, c'est ce qui est vraiment important pour vous.
L'essentiel, c'est de vivre pleinement chaque minute de votre vie.
L'essentiel, ce sont les personnes que vous aimez.
L'essentiel, c'est de ne pas cultiver des rancœurs et des conflits.

Comprendre ses peurs pour les dépasser

15 juin

Une patiente se tracassait à l'idée d'aller chercher son visa à Paris pour un séjour à l'étranger.
Après que nous avons considéré la situation ensemble, il s'est avéré qu'il s'agissait d'une simple formalité : elle avait déjà obtenu son visa, il suffisait de faire tamponner son passeport à l'ambassade concernée.
Ce qui se jouait, c'est que cette patiente projetait des émotions du passé sur cette situation. Elle avait un père très autoritaire qui n'accédait pas beaucoup à ses demandes.
Le père représente l'autorité et, par extension, l'administration.
Une fois l'origine de sa peur comprise, ma patiente a pu aller chercher son visa en toute sérénité.

16 juin

Une table agréable comme au restaurant…

Il ne s'agit pas de « vous mettre en frais » ni de vous compliquer la vie mais de dresser une jolie table chez vous.
Des sets et des serviettes de couleur, une bougie, de jolis verres à prix modique apportent de la beauté et de la gaîté qui améliorent grandement la convivialité et le bonheur de partager un moment ensemble.

Si vous vivez seul, vous méritez de bien vous traiter et d'éviter de manger sur le pouce, debout, dans votre cuisine.
Si vous vous faites un plateau télé, rendez-le agréable et attrayant.
Si vous avez de l'argenterie, pourquoi la réserver aux seules grandes occasions ?

Une question de posture…

Beaucoup de personnes ont tendance à se voûter comme si elles portaient le poids du monde.
De longues heures passées devant l'ordinateur n'arrangent rien.

Il ne s'agit pas de vous raidir, mais d'être attentif à votre posture.
Faites quelques mouvements pour relâcher vos épaules, pour ouvrir votre cage thoracique au lieu de la replier ; ce sont des exercices précieux pour votre moral.
Imaginez que vous avez un soleil au milieu de la poitrine et que vous rayonnez.
Essayez, vous vous sentirez instantanément mieux et plus dynamique.

18 juin

Abonné absent

Il y a deux causes essentielles à un état dépressif.
La première est d'avoir une vie trop pleine.
Happé par vos responsabilités, trop exigeant avec vous-même, vous ne prenez jamais de temps pour vous afin de relâcher la pression.
Cela sature votre organisme qui crie grâce et décompense. Stop !
La deuxième est d'avoir une vie trop vide.
Absorbé par votre routine, ne vous donnant pas le droit d'accéder à vos rêves, las de vous-même, des autres et de votre vie, vous finissez par être aux abonnés absents.
Réveillez-vous !

Cessez de ressasser

Certaines personnes trouvent étrange d'apprendre à cultiver des pensées et des sentiments positifs, comme s'il s'agissait de pensées magiques ou d'une négation de la réalité.
Ces mêmes personnes n'ont pas conscience qu'elles entretiennent à longueur de journée, voire d'insomnies, des pensées et des sentiments négatifs.
Cela leur paraît tout à fait naturel.

Vous n'êtes pas obligé de ressasser indéfiniment vos inquiétudes, vos soucis, vos rancœurs.
Vous pouvez choisir de changer votre état de conscience. Cela change totalement votre vie et vos relations avec les autres.

19 juin

20 juin

Le culte de la consommation est stérile

La civilisation occidentale vit dans le culte du *toujours plus* pour accéder au bonheur.
Or, une fois que vos besoins sont largement satisfaits, ce n'est pas ce que vous acquérez en plus qui a le pouvoir de vous rendre heureux.
C'est la qualité des rapports que vous entretenez avec vous-même, avec les autres, avec la vie, avec l'univers qui fait toute la différence.
Malheureusement, beaucoup d'êtres humains « qui ont tout pour être heureux » ne le sont pas.

Le bonheur est avant tout intérieur.

Rire, c'est bon pour la santé

Le monde médical commence à découvrir
les vertus thérapeutiques du rire.
Félicitations aux bénévoles des associations
qui permettent d'introduire à l'hôpital des
spectacles de clowns pour les enfants malades.

Si vous le pouvez, allez voir des spectacles
positifs ou drôles, louez des films qui vous
« rechargent », partagez des jeux de société
instructifs et amusants avec vos amis.
Ne perdez jamais une occasion de rire.

22 juin

Au bout des ténèbres la lumière…

Écoutons Jean, un patient :
« Je viens d'une famille pauvre. Cela m'a donné la peur de manquer. Pour moi, l'argent était fait pour être thésaurisé et placé au meilleur taux possible. Ma fiancée, exaspérée par ma radinerie, m'a quitté. Un an après, suite au krach boursier, j'ai perdu toutes mes économies. Le même mois, j'ai été licencié. J'étais au bord du suicide. Mon médecin m'a prescrit des antidépresseurs et m'a conseillé de consulter un thérapeute.
J'ai fait un énorme travail sur moi-même. J'ai changé progressivement ma vision du plaisir, de l'argent, de la richesse et de la sécurité. Je n'aurais jamais fait tout ce chemin si je n'avais pas connu cet effondrement. Maintenant, je profite pleinement de chaque instant de la vie et je me sens empli de gratitude. »

Ne rentrez pas dans le jeu

23 juin

Certaines ambiances dans les lieux de travail sont complètement délétères.
Ne jetez pas d'huile sur le feu. N'alourdissez pas le nombre des critiques concernant les uns et les autres. N'alimentez pas les potins et les ragots.
Tenez-vous poliment et discrètement à l'écart.
Si vous ne pouvez faire autrement, écoutez mais sans participer. Soyez vigilant.
Et n'oubliez pas que dès que vous aurez le dos tourné, ces mêmes personnes, habituées à envenimer les choses, ne manqueront pas de vous critiquer également…
Rompez cette chaîne infernale.

24 juin

La beauté, c'est ce qui se dégage de vous

La cellulite est un caractère sexuel féminin secondaire. Cessez de vous torturer avec les photos des magazines et de la publicité sous toutes ses formes.
Toutes les photos que vous voyez n'ont rien à voir avec la réalité.
Toutes, même quand le mannequin est une jeune fille de 15 ans, sont retouchées.

Soyez bien dans votre peau, souriez, mettez-vous en valeur, c'est infiniment séduisant.

Vivre la spiritualité ne signifie pas adhérer à une religion

25 juin

Vivre la spiritualité, c'est se centrer, se relier à soi-même, aux autres, à la vie, à l'univers.
Vivre la spiritualité, c'est *être*.
Au fond, la meilleure définition de la spiritualité est de cultiver le bonheur au quotidien.
De plus, votre bonheur bénéficie à votre entourage proche et aux personnes que vous côtoyez.

26 juin

Libérez-vous de votre mental !

L'intellect est une chose merveilleuse.
Toutefois, si le mental est de l'ordre de la pensée, il n'est pas du tout intelligent…
Il est le fruit de votre enfance et de votre adolescence, de votre histoire familiale, de votre culture, de vos diverses expériences et de vos habitudes accumulées.
Il est le filtre, très étroit et partial, avec lequel vous appréhendez le monde.
Il est plein de rigidités, pétri de points de vue, de souffrances mal cicatrisées, de peurs et de défenses.
C'est délicieux de s'en libérer.

27 juin

Au fond, qu'est-ce que la jalousie ?

C'est un sentiment qui fait beaucoup souffrir et qui perturbe gravement le bonheur de la personne en proie à ses affres.
La jalousie est toujours le fruit d'un manque de confiance en soi.
Si vous êtes jaloux de votre compagne, c'est parce que vous estimez qu'elle ne va pas manquer d'être séduite par des hommes valant mieux que vous.
Si vous surveillez votre mari, c'est parce que vous redoutez qu'il ne succombe à des femmes ayant plus d'attraits ou de charme.
La jalousie n'est pas qu'amoureuse. Beaucoup de personnes ont tendance à jalouser les autres pour ce qu'elles leur envient et dont elles croient être privées.
Apprenez à être en paix avec vous-même et à vous aimer.

28 juin

Break

La télévision absorbe une grande partie de vos soirées. Il y a des programmes très intéressants qui permettent de s'instruire, de se cultiver, de voyager.
Il y en a d'autres, très utiles également, qui permettent de se reposer, de se distraire, de s'amuser.
Mais êtes-vous sûr, si vous faites cela par habitude, que vous seriez sorti pour aller voir ce que vous regardez à défaut d'autre chose ou en zappant de chaîne en chaîne ?

Respectez vos soirées et choisissez de les utiliser au mieux.

Acceptez de recevoir…

Beaucoup de personnes aiment donner
et c'est tant mieux.
Mais très peu acceptent de recevoir,
quel dommage !
La vie n'est pas à sens unique, la vie est
dialogue et échange.

Accepter de recevoir, c'est aussi offrir de la joie
à celui ou celle qui vous donne.
Accueillez un compliment sans rougir jusqu'aux
oreilles et sans, aussitôt, le minimiser.
Osez dire ce qui vous fait vraiment plaisir
quand on vous demande ce que vous
souhaiteriez.
N'hésitez pas, non plus, à demander de l'aide
ou un service si vous en avez besoin.

29 juin

30 juin

La jeunesse est un état d'esprit

La jeunesse n'est pas une question de date de naissance.
La jeunesse, c'est un état d'esprit.
Il est important de guérir votre enfant intérieur cabossé par les difficultés et les souffrances que vous avez vécues, en faisant un travail sur vous-même, et de renaître à votre enfant intérieur sacré.
Votre enfant intérieur sacré est curieux de tout, il adore découvrir, apprendre, expérimenter.
Il aime tout naturellement les autres, sans *a priori*.
Il cultive la joie et l'enthousiasme.
Il s'émerveille et il savoure de vivre.

Ce mois-ci
j'apprends à cultiver la gratitude

Cultiver la gratitude est de la plus haute importance.
Cela vous permet de penser positivement et de développer des sensations, des émotions, des sentiments, propices à la joie et au bonheur. Au lieu de sans cesse penser, encore et toujours, à vos activités, vos préoccupations, vos soucis, prenez le temps de faire le point.

Même si vous rencontrez certaines difficultés actuellement, il y a une foule de choses qui vont bien dans votre vie. Très bien même.
Vous n'en avez pas conscience, car elles vous paraissent normales et aller de soi. De plus, vous avez cette fâcheuse tendance à ne faire attention qu'à ce qui vous pose problème, ce qui a pour effet de l'amplifier au lieu de le solutionner.

Remerciez chaque matin pour cette journée qui vous est donnée.
Vous êtes en bonne santé, quelle chance !
Vous avez un chez-vous confortable, quel bonheur !
Vous avez un travail, c'est précieux !
Vous avez une famille aimante, quel cadeau !
Il fait beau, chic !
Si vous vivez une situation plus précaire, il y a quand même des choses pour lesquelles vous pouvez exprimer votre gratitude ici et maintenant. Cet état d'esprit vous permet de vous ouvrir à des opportunités et des solutions que vous n'auriez pas vues en vous enfermant dans le découragement et le pessimisme.Au fil de la journée, réjouissez-vous de tous les petits bonheurs qui vous arrivent. Vous serez stupéfait de voir combien ils sont nombreux. Et en vous endormant, soyez reconnaissant pour toutes les bonnes choses que vous avez vécues dans la journée, sur tous les plans. Chaque jour est une occasion de découvrir, d'apprendre, de comprendre, de partager, d'aimer.

1er juillet

L’un des cadeaux qu’apporte l’âge est de savoir mieux vivre.

Vous vous connaissez davantage, ce qui est essentiel pour votre bonheur.
Vous ne vous demandez plus d’être parfait, ce qui vous évite également de l’exiger des autres. Quel soulagement !
Vous n’attachez plus d’importance aux mêmes choses, vous allez bien davantage à l’essentiel.
Vous lâchez prise plus souvent.
Vous vous simplifiez la vie.
Et si vous commenciez dès maintenant à devenir plus sage ?

Aimer quelqu'un, ce n'est pas se faire du souci pour lui.

Inversez la vapeur !
Aimer quelqu'un, c'est, au contraire, faire confiance à ses talents et à sa personnalité. C'est l'encourager et lui donner confiance en lui et en la vie.
Aider quelqu'un, ce n'est pas pleurer avec lui. C'est le soutenir, avec attention et amour, pour qu'il redevienne positif.

Quand les êtres qui vous sont proches traversent des difficultés, aidez-les à maintenir le cap pour qu'ils trouvent les meilleures solutions.

3 juillet

Et si vous arrêtiez de vous prendre la tête ?

Contrairement aux idées reçues de notre société qui survalorise l'effort et le *faire* à tout prix, l'activité maximale de votre cerveau ne se produit pas lorsque vous vous « prenez la tête ». C'est lorsque vous vous reposez quelques instants, que vous êtes assis à ne rien faire, que vous marchez en vous détendant que les ondes de votre cerveau s'intensifient.
Il est donc très important que vous preniez le temps de faire des pauses.

C'est en se promenant dans le jardin du Luxembourg qu'un des prix Nobel français a eu, soudain, l'inspiration d'une nouvelle idée déterminante pour les travaux qu'il effectuait.

Cultivez vos points forts, pas vos points faibles

4 juillet

À l'école, les enseignants encouragent leurs élèves à travailler les matières où ils sont le plus faibles.
Il est vrai que des mauvaises notes en maths, en français ou dans toute autre matière peuvent avoir des conséquences fâcheuses, en réduisant la moyenne, et entraîner l'échec à des examens.

Dans la vie adulte, il est en est tout autrement. Cultivez ce que vous aimez et où vous excellez. C'est en développant vos aptitudes que vous serez heureux et réussirez, aussi bien dans votre vie professionnelle que dans votre vie personnelle.

5 juillet

Et pourquoi pas ?

Vous souffrez de la solitude et vous rêvez de partager votre vie avec quelqu'un. Pourquoi ne pas dépasser vos résistances et vous inscrire à un site de rencontres sur Internet ? Aujourd'hui, de plus en plus d'unions se créent ainsi.

Souvent, les femmes ont peur de rencontrer des déséquilibrés ou des hommes « qui ne veulent que coucher ».
Par prudence, ne donnez pas votre adresse, proposez une rencontre dans un lieu public et ne vous faites pas raccompagner.
Vous cernerez très vite les intentions des messieurs concernés. En refusant des relations sexuelles immédiates, vous verrez que les dragueurs invétérés se décourageront en un clin d'œil.

L’ombre du passé…

Si vous avez pris en grippe un ou une collègue en particulier, au lieu de vous gâcher la vie avec cette personne, demandez-vous pourquoi elle vous exaspère à ce point.
Ce n’est pas neutre, car cela fait écho à quelque chose en vous.
Très souvent, sa personnalité ou son comportement ou même un détail de son physique ou de sa gestuelle vous rappelle, peu ou prou, un membre de votre famille, votre mère, votre père, une sœur, un frère, une cousine, un cousin, une tante, un oncle.
Ou encore quelqu’un avec qui vous avez eu de mauvaises relations au cours de votre enfance, de votre adolescence, ou dans un passé proche.

Beaucoup de conflits s’atténuent lorsque vous prenez conscience que vous projetez sur une personne une situation antérieure douloureuse.

7 juillet

Apaisez votre relation à l'argent

Il se peut que les signes extérieurs de richesse vous gênent, vous agressent, vous mettent en colère, ou que vous les trouviez franchement indécents.
Il se peut aussi que vous n'aimiez pas les gens qui ont de l'argent. Vous les trouvez prétentieux, suffisants et arrogants.
Parfois, vous les suspectez d'être des profiteurs et des malhonnêtes.
Il se peut, également, que vous n'aimiez pas l'argent lui-même qui, à vos yeux, pervertit les relations humaines et est la source de bien des maux.
Évidemment, tout cela a une influence directe sur votre vie financière.
Il est impossible de rejeter l'argent et d'en disposer librement avec joie.
L'argent est tout simplement une énergie – neutre.

La confiance en héritage

La première base d'une éducation positive est de faire en sorte que votre enfant ait confiance en lui.
Si vous ne vous aimez pas vous-même, que vous doutez de vous, que vous vous critiquez sans cesse, vous allez projeter la même chose sur la chair de votre chair. Stop !
Si vous vous tracassez à son sujet, votre fils ou votre fille ne va pas manquer de le capter.
Lorsque vous vous inquiétez pour votre enfant, il ressent qu'il ne vous donne pas satisfaction et qu'il vous déçoit.
Il en déduit qu'il n'est pas à la hauteur, il se replie sur lui-même et se culpabilise.

9 juillet

Vivre avec les autres, pour les autres

J'ai connu, il y a très longtemps à Paris, une « dame pipi » au métro de la Madeleine. Loin de se plaindre, elle adorait son métier. Ses toilettes étaient impeccablement propres, parfumées et fleuries.
C'était un vrai rayon de soleil. Elle estimait qu'elle rendait un service important et, de plus, savait égayer la journée de ses clients par un bonjour, un sourire, une phrase gentille. Comme elle recevait beaucoup de touristes, elle avait appris quelques mots en diverses langues.

Par notre travail, nous sommes reliés les uns aux autres et nous nous sentons utiles, ce qui est une des bases du bonheur.

Le rôle d'une maman

10 juillet

Quel est le rôle d'une maman ?
En prenant soin de son enfant avec joie, amour et tendresse, en lui témoignant son affection et son indéfectible soutien, la mère donne
à son enfant sa première image narcissique de lui-même.
Elle est le reflet à travers lequel l'enfant apprend à s'aimer en tant que personne.
Même la mère la plus aimante n'est pas toujours idéale ni parfaite.
D'autres femmes, pour de multiples raisons qui leur sont particulières à chacune, ont des difficultés à être mères.
En tant qu'adulte, vous avez à vous donner, maintenant, ce que votre mère n'a pas toujours pu vous procurer.

11 juillet

Pour être bien dans votre peau, apprenez à vivre votre corps de l'intérieur

Plus vous serez dans l'instant présent,
plus vous habiterez votre corps.
Plus vous habiterez votre corps, plus vous rayonnerez.
Plus vous rayonnerez, plus les autres seront attirés par vous.

Ce n'est pas une plastique parfaite qui fait la beauté et le charme, loin de là.
C'est la paix intérieure, le sourire, l'écoute, l'amour sincère de la vie et des autres qui sont irrésistibles.
Il y a des êtres dont vous recherchez la compagnie parce que vous vous sentez bien avec eux, tout simplement, sans vous préoccuper de leur physique.

Faire l'amour s'apprend à deux

12 juillet

Il se peut que vous ne soyez pas trop à l'aise avec la sexualité. Beaucoup de femmes sont encore réservées et passives, s'en remettant à leur partenaire.
Beaucoup d'hommes sont intimidés ou, à l'inverse, ont une image salie de la sexualité.
Osez vous exprimer, osez dialoguer, osez dire ce qui vous donne du plaisir, osez demander à l'autre ce qui lui en donne également.
Faire l'amour s'apprend à deux, c'est tout à fait normal.
De nombreuses femmes ne ressentent rien vaginalement, parce qu'elles n'osent pas contracter leur périnée et caresser le sexe masculin à l'intérieur d'elles.

13 juillet

Et bien dansez maintenant !

Si vous aimer danser, ne vous en privez pas ! Même si vous vivez seul, ou si votre conjoint ne partage pas votre goût, dansez à votre aise. Souvent, les personnes qui aiment danser s'en privent car les « boîtes » ne correspondent pas ou plus à l'ambiance qu'elles souhaitent ou ne diffusent pas des musiques qui leur plaisent.

Osez danser chez vous.
Invitez des amis qui partagent cette aspiration.
La danse est une excellente activité. Le fait d'évoluer en harmonie avec la musique vous amuse, vous détend et vous régénère.
Elle peut même être une forme de méditation.

La meilleure façon de changer le monde, c'est de se changer soi

14 juillet

Une étude internationale, au début de 2011, a révélé que les Français étaient le peuple le plus pessimiste de la terre. Quel triste record !
En réalisant votre big bang intérieur, vous allez faire changer cette statistique.
Votre état de conscience va se transformer.
Vous serez en paix avec vous-même.
Vos rapports avec les êtres que vous aimez vont s'harmoniser et se renforcer.
Vos relations avec votre entourage vont se pacifier et s'enrichir.
Vous ne vivrez plus les événements de la même façon.

15 juillet

Aimez-vous, tel que vous êtes, pas tel que vous vous rêvez

Si vous estimez que vous devez mincir, ce n'est pas en détestant votre corps que vous allez y parvenir.
Achetez des vêtements à votre taille au lieu de vous boudiner dans des habits trop serrés, ce qui est à la fois inconfortable et inesthétique.
Vous pourrez toujours les faire rétrécir quand ils seront devenus trop larges.
Mettez-vous en valeur dès maintenant, tel que vous êtes.
Cela vous aidera à prendre soin de vous, à vous aimer et à maigrir en douceur, sans vous torturer.

Le rôle d'un papa

16 juillet

Quel est le rôle d'un papa ? Sa présence, son amour, son soutien indéfectible, permettent à l'enfant de se construire et de se structurer. C'est le père qui, symboliquement, l'introduit dans la société. C'est le père qui le coupe, à bon escient, de la fusion d'avec la mère. C'est le père qui représente l'autorité et la loi.
Le père donne à l'enfant une image narcissique secondaire de lui-même. Il est le reflet à travers lequel l'enfant apprend à s'estimer en tant que personne.

Certains hommes, pour de multiples raisons qui leur sont particulières à chacun, ont des difficultés ou une incapacité totale à être père. En tant qu'adulte, vous avez à vous donner, maintenant, ce que votre père n'a pas toujours pu vous procurer.

17 juillet

Ne plus lutter contre…

Mère Teresa a déclaré : « Je ne participerai jamais à une manifestation contre la guerre. Mais comptez sur moi pour des actions pour la paix. »

Plus votre niveau de conscience évolue, plus vous pouvez ressentir le besoin d'œuvrer pour l'humanité.
Vous pouvez choisir de vous engager pour certaines causes afin d'améliorer les conditions de vie sur cette terre.
Mais vous évitez, tout naturellement, de *lutter contre*, de vous associer aux querelles d'opinion, aux sectarismes, aux haines, de jeter l'anathème.
Parce que tout cela vous est devenu étranger…

Du zen pour réfléchir…

Une phrase de la philosophie zen dit :
« Si quelqu'un a faim, ne lui donne pas du poisson, apprends-lui à pêcher. »
Bien sûr, dans certains cas d'urgence, des populations ont besoin de secours immédiats – eau, vivres, médicaments, vêtements, tentes et couvertures.
Mais l'aide constructive à long terme consiste à permettre aux personnes de trouver elles-mêmes la prospérité.
Tout ce qui favorise l'instruction, la mise en valeur et l'exploitation des richesses du pays concerné par les populations locales, l'autosuffisance économique favorisent l'abondance.

18 juillet

19 juillet

Voyez plus grand

N'ayez pas, des mois à l'avance, une idée très précise et très concrète de ce que vous voulez réaliser.
Concentrez-vous sur le moment présent, sur le bonheur, sur l'amour, sur l'abondance.
Autrement dit, concentrez-vous sur le fond – vous sentir bien, être de mieux en mieux – et non sur la forme. Cela vous permet de rester ouvert au *champ du possible*.
Ce que vous imaginez comme l'idéal en ce moment pourrait vous limiter.

L'univers, si vous lui faites confiance, voit généralement beaucoup plus large et beaucoup plus grand que vous.

20 juillet

Ce que vous appelez échec n'est rien moins qu'une expérience.

La tarte Tatin est une pâtisserie délicieuse, mondialement connue. À l'origine, elle fut un gâteau raté. Les sœurs Tatin eurent le courage de ne pas la jeter à la poubelle et de la faire goûter à leurs hôtes.

Vous appelez « échec » un événement ou une relation qui ne s'est pas déroulé(e) comme vous l'espériez.
Au lieu de vous lamenter et de vous culpabiliser, apprenez de ce que vous appelez vos échecs. Ce sont, tout simplement, des expériences.

21 juillet

Bien réagir, cela s'apprend

Agathe a un souci. Bien sûr, des pensées, des émotions, des sentiments l'assaillent concernant cette difficulté.
Elle ne refoule pas son problème, elle ne nie pas la situation, elle ne se met pas la tête dans le sable en faisant l'autruche.
En premier lieu, elle choisit de penser positivement, en refusant d'être hantée par ses préoccupations, ce qui ne manquerait pas de les amplifier, et en se concentrant sur cette affirmation : « Je remercie l'univers de trouver la solution idéale qui est en train d'arriver. »
Ensuite, elle est attentive à ses affects pour garder son calme et sa sérénité.
Elle peut ainsi faire des démarches appropriées, sans s'agiter frénétiquement dans tous les sens.

Non seulement Alice a résolu son problème rapidement, mais elle a aussi tissé une nouvelle amitié à cette occasion.

Libérez-vous !

Il est très utile de faire la liste des petites phrases que l'on vous a dites pendant votre enfance et votre adolescence et qui agissent sur vous comme un sabot de Denver le ferait sur votre voiture.
« Fais attention, tu vas tomber », « Tu ne vas pas y arriver », « Tu peux mieux faire », « Tu es vraiment nulle », « Mais qu'est-ce je vais bien pouvoir faire de toi ? », « Cela ne va pas te tomber tout cuit dans la bouche », « Il faut se donner beaucoup de mal pour réussir », « La vie est difficile, tu vas bien vite t'en rendre compte », « Tu prends tes désirs pour des réalités », « Ne rêve pas ».

Efforcez-vous de vous libérer émotionnellement de ces petites phrases qui vous entravent et vous paralysent.

23 juillet

Petit exercice du matin

Exercice délicieux, ce matin : mettez votre mental au repos et concentrez-vous sur vos sensations.

Regardez et réjouissez-vous de la lumière du matin.
Soyez attentif aux divers ressentis de votre corps quand vous faites votre toilette.
Savourez l'odeur de votre café ou de votre thé.
Dégustez vraiment votre petit déjeuner.
Si vous vivez à deux, souhaitez consciemment une bonne journée à la personne que vous aimez.
Si vous avez des enfants, dites-leur que vous les aimez.

Un passeport pour la vie

Si vous en avez la possibilité, familiarisez vos jeunes enfants avec une ou deux langues étrangères.
Au jardin d'enfants ou à l'école primaire, les enfants ont une extraordinaire aptitude à assimiler d'autres langues.
C'est un peu plus difficile après !
Si vous avez besoin d'une nounou, le fait qu'elle soit étrangère peut être un plus.
Des voisins, des relations, des amis peuvent être également une excellente opportunité.
Il y a aussi à votre disposition diverses méthodes ludiques, qu'il s'agisse de films, d'enregistrements, de jeux, de programmes sur Internet.
Pourquoi ne pas regrouper plusieurs enfants pour suivre des cours avec un professeur ?

25 juillet

C'est à vous d'agir

La psychogénéalogie, qui s'attache à révéler l'influence de notre famille et à gérer au mieux cette influence, est fort utile pour mieux vivre. Malheureusement, beaucoup d'auteurs la présentent actuellement comme une chaîne de malheurs dont on serait victime.
Certes, tout n'a toujours pas été rose pendant votre enfance et votre adolescence. Vos parents ont fait ce qu'ils ont pu, mais personne n'est parfait. De plus, la plupart élèvent leurs enfants en fonction de leur propre histoire.

C'est à vous d'effectuer le travail nécessaire pour guérir de vos souffrances et faire de votre psychogénéalogie une chance.
N'oubliez pas non plus de prendre conscience des éléments positifs de votre psychogénéalogie. Ils sont nombreux.

Trouvez votre place !

Pour vous sentir bien, il est important que vous trouviez votre place.
En premier lieu, vis-à-vis de vous-même, c'est-à-dire être bien dans votre peau, en paix.
Ensuite, auprès de ceux que vous aimez.
Beaucoup de problèmes de couple sont dus au fait que l'un des conjoints ou les deux, ne trouve pas sa place, ne se sent pas respecté, reconnu et aimé.
Ayez le courage de vous exprimer et de dialoguer pour que les choses évoluent. Sinon, il est peut-être temps de tourner une page…
Il en est de même au travail. Vous avez besoin de trouver votre place, d'exprimer vos talents professionnels, dans une synergie positive avec vos collègues et vos supérieurs hiérarchiques.

27 juillet

Ne faites pas aux autres ce que vous ne voudriez pas que l'on vous fasse.

La politesse est l'une des premières manifestations du respect d'autrui. Par voie de conséquence, c'est également une première manifestation de l'amour. Hélas, de nos jours, elle a tendance à se perdre.

Reprenez la politesse à votre compte. Par exemple, si votre emploi du temps est surchargé, envoyez un e-mail très court pour accuser réception ou pour remercier si votre interlocuteur vous a envoyé des renseignements que vous lui aviez demandés.
Veillez à ne pas blesser les autres, mettez-vous un tant soit peu à leur place, pensez à ce que les personnes vont ressentir, en fonction de ce que vous dites et de la façon dont vous agissez.

Une vie à deux

Si vous avez consciemment le désir de fonder un couple et que vous n'y parvenez pas, interrogez-vous sur vous-même.
Êtes-vous timide ? Avez-vous tendance à vous replier sur vous ? Est-ce que vous doutez de vous ? Êtes-vous persuadé, en votre for intérieur, que vous ne pouvez pas séduire ? Dans ce cas, vous avez un travail psychologique à faire pour prendre confiance en vous et oser communiquer.
Si vous rêvez d'avoir un être aimant à vos côtés, avez-vous déjà réalisé que, vous aussi, vous êtes une chance pour quelqu'un ? Réfléchissez et prenez conscience, vraiment, de tout ce que vous pouvez apporter à la personne qui partagerait votre vie.

29 juillet

L'intelligence du cœur

Faire preuve de gentillesse n'est jamais une faiblesse, ni un manque d'intelligence.
Bien au contraire.
Faire preuve de gentillesse est la manifestation de l'intelligence du cœur.

Être gentil, c'est accueillir favorablement l'autre et accepter qu'il soit différent de vous, sans le juger et le condamner pour cela.
C'est aussi faire en sorte que tout se passe au mieux dans les relations ou la réalisation d'un projet.
Cela demande, parfois, beaucoup de maîtrise de soi, et de mettre son ego « au vestiaire », quand la personne en face de vous est mal embouchée ou récalcitrante.
Ce qui ne veut pas dire qu'il n'y ait pas des limites à mettre, gentiment bien sûr, mais fermement !

Reliez-vous aux points cardinaux

30 juillet

Beaucoup de personnes, surtout en ville, ne sont pas conscientes des points cardinaux. Repérez l'est, là où le soleil se lève. Vous verrez qu'au fil des saisons, c'est-à-dire selon les solstices d'été et d'hiver et les équinoxes de printemps et d'automne, le lever du soleil ne se fait pas à la même place et les lumières de l'aube sont différentes.

Repérez l'ouest où le soleil se couche, également à une place et avec des couleurs variables selon la période de l'année.

Le nord est le point cardinal qui n'est jamais occupé par le soleil. C'est pourquoi beaucoup d'ateliers de peintre sont exposés au nord, permettant ainsi de toujours travailler avec la même lumière.

Le sud correspond à la plus grande intensité du soleil, celle du midi.

Vous relier aux points cardinaux vous permet d'être davantage conscient d'une autre dimension.

31 juillet

Faire avec…

Certaines personnes compliquent tout
et cultivent les drames à longueur de journée.
Rien ne va jamais bien, ni leur santé, ni leurs
finances, ni leur vie affective, ni leurs enfants,
ni leurs gendres ou leurs belles-filles.
Au travail, elles sont de mauvaise humeur,
prennent tout personnellement, font des
esclandres à propos de tout et de rien,
jalousent et critiquent les autres.

Comment faire avec ce type de personnalité
difficile ?
Bien sûr, en premier lieu, ne pas les juger.
Ensuite, ne pas rentrer dans leur jeu,
ne pas chercher à les convaincre,
ne pas chercher à les changer.
Soyez respectueux et lisse.

Ce mois-ci
j'apprends à calmer mon mental

Pour maintenir un état de conscience positif, les affirmations sont des outils très efficaces. Qu'est-ce qu'une affirmation positive ? C'est une petite phrase toute simple, créée par vous, que vous vous répétez quand vos tracas vous assaillent, ainsi que le matin en vous réveillant et le soir en vous endormant. Ces mots ont le pouvoir de s'adresser à votre subconscient, de calmer votre mental et de vous recentrer, au lieu de céder à vos angoisses et de « broyer du noir ». Premier point, il faut que cette phrase vous convienne et vous plaise. Ensuite, elle ne doit pas comporter de négations car le subconscient ne les décrypte pas. Par exemple, si vous dites « Je n'ai plus de soucis », votre subconscient capte « soucis ». Elle doit également comporter l'idée de progression (« de plus en plus »), et de temps (« dès maintenant »). Enfin, elle doit être un remerciement marquant votre certitude. Selon le terme que vous aimez, vous pouvez remercier « la vie », « l'univers », « l'intelligence infinie », votre « être intérieur ». Par exemple : « Je remercie l'énergie créatrice de m'ouvrir, de plus en plus, à l'amour véritable et de rencontrer la personne idéale, dès maintenant », « Je remercie l'univers de m'ouvrir à la solution idéale, aujourd'hui ». Les sujets sont aussi variés que tous les aspects de votre vie. Attention toutefois : si vous faites une affirmation puis, une minute après, continuez à vous tracassez, cela n'a aucune utilité. Une affirmation positive n'est pas « une baguette magique ». C'est un outil pour vous permettre d'accéder à ce que Deepak Chopra appelle « le champ de tous les possibles ».

1er août

Savoir dénouer les nœuds

Si vous avez consciemment le désir de fonder un couple et que vous n'y parvenez pas, il y a peut-être un conflit inconscient en vous.
Qu'est-ce qui s'est passé concernant l'amour conjugal dans votre famille ?
Qu'avez-vous ressenti pendant votre enfance ou votre adolescence ?
Avez-vous vécu par le passé une ou plusieurs histoires d'amour difficiles ?

Il se peut que vous ressentiez de la crainte, de la méfiance, du mépris, de la colère, voire de la haine envers le sexe opposé et que vous ne vous en rendiez pas compte.
Il se peut aussi que le mariage vous terrorise inconsciemment. Avez-vous peur de perdre votre liberté de célibataire ? Redoutez-vous de devoir composer avec quelqu'un ?
Un travail sur vous-même avec un thérapeute vous aidera à dénouer certains nœuds pour vous permettre de vous libérer.

La pensée ou plutôt le chemin ?

2 août

Comme il faut bien utiliser des mots, on parle de *la pensée* à propos de la pensée positive. Mais le terme qui serait le plus juste est *le chemin du cœur* positif.
Penser positivement est une première étape, absolument nécessaire bien sûr.
Mais ce sont avant tout vos ressentis, vos émotions, vos sentiments qui sont importants. Ils créent une mélodie intérieure.
Cette mélodie entraîne une vibration énergétique qui change vos relations avec vous-même, avec votre vie, avec les autres.
Quelqu'un de bienveillant, par exemple, va forcément rayonner de cette bienveillance et son entourage la ressentira.

3 août

Coucher par écrit pour y voir plus clair

Si vous avez des problèmes de couple, en prendre conscience est une première étape très courageuse. Ce n'est pas en vous voilant la face que vous allez évoluer positivement. Mais prenez garde à ne pas voir que les aspects négatifs et à vous laisser envahir par des sentiments tels que l'impuissance, la tristesse, le désespoir, la colère, le ressentiment, la haine. Prenez le temps de penser et de ressentir. Même si cela peut vous surprendre, vous pouvez beaucoup vous aider en réfléchissant par écrit.

Commencez par faire la liste de ce qui va bien et vous convient. C'est très important. Ensuite, analysez ce qui vous pose problème. Soyez précis, prenez des exemples concrets de ce qui vous heurte. Enfin, voyez quand ces difficultés sont apparues.
Bien poser un problème aide à trouver des solutions pour le résoudre.

Maintenir le dialogue, toujours

4 août

De tout temps, les enfants et les adolescents ont eu besoin de l'amour de leurs parents et de leur famille, ainsi que celui de leur entourage, pour grandir, se construire et se réaliser.
Aujourd'hui, c'est, plus que jamais, d'actualité. Les techniques modernes de communication, tels que les téléphones portables, les ordinateurs, Internet, les réseaux sociaux font que les jeunes sont de plus en plus reliés entre eux, à un âge où les copains et les amis ont un rôle très important.
Ils sont également en contact, beaucoup plus tôt qu'auparavant, avec l'actualité, la sexualité, la violence, la drogue.
Il est fondamental que vous dialoguiez avec vos enfants.

5 août

Une image déformée de la sexualité

Les films et les vidéos pornographiques sur Internet sont une véritable contre-éducation pour apprendre à donner du plaisir à une femme.
Il en résulte que les adolescents et certains hommes sont très mal informés.
Ce qui est présenté n'est qu'une simple masturbation à travers un organe.
Aucune caresse, aucune tendresse, aucune sensualité, aucune affection n'est manifestée.
Le clitoris, si important, est négligé.
Aucune variation dans le rythme de la pénétration, si fondamentale, n'est présentée.
Parlez-en avec vos enfants…

N'oubliez pas le père !

Vous venez d'être maman pour la première fois. Quelle aventure !
Votre libido est en sommeil. Vous n'avez pas encore retrouvé votre corps d'avant et vous doutez un peu de votre séduction.
Vous êtes accaparée par votre nourrisson et vous manquez de temps et de sommeil.
Vous développez beaucoup d'attention, de tendresse, d'affection envers ce petit être qui vous émerveille et vous déconcerte tout à la fois.
Attention toutefois à veiller à donner une place importante à votre compagnon.

6 août

7 août

Sortir du passé

Viviane m'a consultée parce qu'elle n'y voyait plus clair dans son couple et se sentait très mal. « Est-ce que c'est moi qui suis folle ? » Il y a 4 ans, elle s'est mariée, tout heureuse, croyant avoir rencontré le prince charmant. Son mari, brillant, flambeur, charmeur s'est vite révélé à l'opposé de ce qu'elle croyait. Au fil des années, elle s'est aperçue que c'était un escroc notoire, qu'il la trompait tant et plus et la mettait constamment plus bas que terre. Il s'agit manifestement d'un pervers narcissique qui la détruit à petit feu. Elle finit par ne plus savoir qui elle est et est épuisée.

Viviane entame un remarquable travail psychologique sur elle-même. Elle développe sa confiance en elle. Elle a décidé de reprendre une activité professionnelle pour exercer le métier qui lui plaît et de divorcer. Elle a pris conscience que son mari avait exactement le même comportement que sa mère. Maintenant, elle veut guérir des séquelles de sa psychogénéalogie.

Une difficulté pour évoluer

8 août

Penser et ressentir positivement, c'est avoir la conviction que ce qui vous arrive n'est pas votre ennemi.
En premier lieu, vous allez être beaucoup plus sensible et reconnaissant à l'égard de toutes les choses agréables et harmonieuses qui surviennent dans votre vie.
Ensuite, quand un problème va se poser, vous aurez la certitude que cette difficulté est là pour vous faire évoluer.
Par exemple, une personne avec qui les relations sont difficiles peut, grâce au travail sur vous-même que cette situation va entraîner, concourir à des changements salutaires qui vous donneront davantage de bonheur et de meilleurs rapports aux autres.
Autre exemple : un licenciement économique que vous redoutiez peut s'avérer, quelques mois plus tard, une grande chance professionnelle.
Votre nouveau travail vous épanouit bien davantage.

9 août

Exister en tant que femme

Quand on interroge les petits garçons sur ce qu'ils veulent faire plus tard, la plupart parlent rêvent de métiers d'action qui, à leurs yeux d'enfants, sont pleins de panache.
« Je serai pompier », « Je serai astronaute », « Je serai médecin humanitaire », « Je serai footballeur », « Je serai chanteur », etc.
Les petites filles, elles, rêvent du prince charmant, de leur robe de mariée ressemblant à celles des magazines, de leur future famille.

Les femmes ont encore un long chemin à parcourir pour exister en tant qu'elles-mêmes. Et ne pas se mettre dans la dépendance de l'homme qu'elles aiment…

Agissez en parents responsables

10 août

Si vous décidez de vous séparer du père de vos enfants, il est fondamental de leur expliquer plusieurs choses très importantes.
La première est que vous ne vous entendez plus et que vous préférez vivre séparément.
Dites-leur que ce sont des histoires d'adultes et que cela ne les regarde pas.
Insistez sur le fait que vous êtes, à vie, leur mère et leur père et que vous les aimez.
Parallèlement, ne critiquez jamais votre ex-conjoint devant eux, n'oubliez pas que c'est leur parent au même titre que vous.
De même, ne critiquez pas la personne avec qui votre ex-conjoint peut refaire sa vie.
Efforcez-vous d'être des parents responsables qui, bien que ne vivant plus ensemble, agissent de concert pour donner le meilleur à leurs enfants.

11 août

Homo, et alors ?

Certains garçons, certaines filles s'aperçoivent très tôt de leur attirance homosexuelle.
Généralement, ils se taisent car ils se sentent différents de leur famille, de leurs amis et de leurs camarades et s'interrogent, quelque peu perdus.
D'autres prennent conscience de leur inclination à l'adolescence.
Certains donnent le change et font croire à une relation hétérosexuelle privilégiée pendant quelque temps.

Il est de la plus haute importance de vous accepter et d'être en paix avec votre sexualité.
Vivre en vous cachant ne peut pas vous apporter le bonheur à long terme.

La fidélité en questions

L'une des questions les plus difficiles dans
un couple est la question de la fidélité.
Vous êtes jeunes, vous vous êtes rencontrés,
vous êtes tombés amoureux, vous roucoulez
d'amour tendre, vous êtes tout à votre joie de
vous découvrir et de passer du temps ensemble,
vous décidez de vivre sous le même toit.
Le mariage, tel qu'il est conçu dans notre
société, est basé sur la fidélité.
Cela veut dire que vous vous engagez, à 25 ans,
à être fidèle jusqu'à la fin de votre vie qui sera,
selon les statistiques, quasi centenaire.
Vous n'aviez pas réfléchi à cet aspect-là ?
C'est pourtant important de le faire,
et de le faire à deux, *avant*.
Quelle est votre conception du couple ?
Quelle est votre conception de la fidélité ?

13 août

Traverser un deuil

Un deuil entraîne généralement beaucoup d'émotions et des sentiments multiples. L'inéluctable est arrivé et vous ressentez un choc.
Comment faire pour traverser cette épreuve ?

La première étape est de l'accepter, même si ce n'est pas facile.
Beaucoup de gens se révoltent contre ce qu'il leur apparaît comme une profonde injustice, rendant leur deuil encore plus douloureux à vivre.
Plus vous serez en paix avec cet événement, mieux vous le surmonterez.

14 août

L'autre est différent

Pour mieux vous comprendre si vous vivez en couple, il faut savoir que, généralement – sauf exception bien sûr –, les femmes adorent parler. Elles ont, tout simplement, besoin d'exprimer leurs ressentis, leurs émotions, leurs sentiments. Cela les détend et leur fait du bien. Pour la majorité des hommes, il en est tout autrement.
Ils se relaxent différemment, en ne pensant plus à ce qu'ils ont vécu précédemment, et en passant à autre chose, que ce soit par exemple regarder la télé, lire ou bricoler.
Quand les hommes expriment le désir de parler, c'est en général pour trouver des solutions.

15 août

Osez laisser vos enfants s'ennuyer !

Les parents d'aujourd'hui, faisant de leur mieux, ont à cœur de proposer des activités parascolaires à leurs enfants.
C'est très bien de proposer des activités créatives, d'autant que l'école, à mesure qu'ils grandissent, met sous le boisseau le développement du cerveau droit, privilégiant celui du cerveau gauche, analytique, logique et rationnel.
C'est très bien aussi de proposer des activités sportives.
Mais, à la fin, vos enfants se retrouvent avec un emploi du temps de ministre !
Ils ne sont plus jamais seuls avec eux-mêmes.
Ils n'ont plus le temps de s'ennuyer quelques minutes, ce qui pourtant les entraîne, très rapidement, à libérer leur propre imagination, leur propre créativité et à se centrer.

Comprendre ce qui se joue

16 août

Aussi étrange que cela puisse vous paraître, il est très important que vous appreniez à identifier la jalousie des autres vous concernant.
Bien sûr, il ne s'agit nullement de les juger ni de les condamner.
Mais prendre conscience des jalousies évite d'en être affecté, parce que vous comprenez mieux ce qui se joue.

Beaucoup de personnes, surtout si elles ne sont pas jalouses elles-mêmes, sont très étonnées, voire ahuries, que leur mère, leur père, des membres de leur famille, des amis, des collègues ou encore des relations puissent les envier et leur en vouloir de ce qu'ils estiment ne pas avoir.
C'est pourtant très fréquent.
En second lieu, cela vous permet de faire profil bas et de prendre vos distances pour ne pas attiser cette jalousie.

17 août

On ne tombe pas amoureux par hasard

Tomber amoureux est un processus inconscient. Vous vous sentez irrésistiblement attiré en fonction de votre psychogénéalogie, de votre passé et de vos expériences, de l'image que vous vous faites de l'homme ou de la femme, de l'image que vous vous faites de la relation à deux et du couple.
Ce que vous croyez, ce que vous avez vécu, attire irrésistiblement, comme un aimant, les événements et les personnes.
Peu à peu, la passion évolue pour se transformer en un lien plus quotidien, plus réel. Vous reconnaissez, dans votre conjoint, certaines ressemblances avec votre mère ou votre père, vous identifiez dans votre couple des situations qui rappellent celles de votre famille. D'où l'intérêt de faire, avant, le nettoyage psychologique de ce que vous avez vécu.

Savoir se remettre en question

18 août

Quand vous avez un problème avec quelqu'un, vous avez tendance à rejeter la faute sur l'autre, que ce soit votre conjoint, une relation amicale, un collègue de travail.

En premier lieu, il est préférable d'oublier la notion de faute ! Les relations entre les êtres humains sont d'une grande richesse, mais ne sont pas toujours faciles, car nous sommes tous différents et nous ne réagissons pas de la même façon.
En second lieu, par définition, une relation se fait à deux.
Il ne s'agit pas de vous culpabiliser, mais quand vous avez des difficultés avec quelqu'un, une part de vous joue un rôle dans ce problème. Cela vous invite à vous interroger, à mieux vous connaître et à vous remettre en question.

19 août

N'utilisez pas l'insulte, toujours blessante

Si vous voulez sauver votre couple, évitez absolument les paroles qui blessent, auxquelles beaucoup cèdent du fait de leur colère et de leur rage.
« Tu étais déjà comme cela avec ta première femme », « Je comprends ton premier mari, le pauvre », « Tu es infernale, même ta sœur le dit », « Tu ressembles à ta mère », « Tu es bien comme ton père », « De toute façon, ils sont tous comme ça dans ta famille », « Tu as de qui tenir », « Tes parents n'ont jamais été capables de s'entendre, tu es comment eux ».

Les insultes n'ont jamais servi à trouver une solution mais, au contraire, enferrent les protagonistes dans leurs conflits et leur haine.

La sexualité n'est pas un bien de consommation

20 août

La sexualité est une des énergies vitales de l'être humain, au même titre que l'énergie corporelle et matérielle, l'énergie affective et l'énergie intellectuelle.
Elle est une expression naturelle de la vie et c'est pourtant l'énergie qui a été la plus incomprise, la plus déformée, la plus détournée et la plus refoulée.
La religion judéo-chrétienne a grandement contribué à réprimer la sexualité, en ne l'autorisant qu'au sein du mariage et en la réservant à la procréation.
Heureusement, les choses ont changé mais, parfois, la sexualité est considérée comme un bien de consommation.
Autrement dit, la sexualité se coupe alors de l'affectif.

21 août

Vous êtes un couple avant d'être des parents.

Un piège, lorsque vous avez des enfants, est de devenir uniquement des parents. Veillez à préserver et à nourrir votre vie de couple.

Cela sera également bénéfique pour vos enfants.

Bien des fusions pathologiques sont évitées quand maman n'est pas uniquement perçue comme une mère, mais aussi comme une femme et une épouse, et quand papa prend sa place d'homme et de mari.

22 août

Ne croyez pas aux images d'Épinal.

Même les couples heureux et très unis traversent parfois des crises.
Une crise peut devenir une chance, à condition de savoir la gérer et la dépasser pour mieux se comprendre et mieux vivre ensemble.
Ne laissez pas une incompréhension ou un mal-être s'installer dans votre relation.
Lorsque quelque chose ne va pas, prenez d'abord le temps de réfléchir et de vous centrer.
Expliquez-vous ensuite tranquillement, paisiblement.
Si vous êtes dans la disposition d'esprit et de cœur adéquate, votre conjoint va tout de suite sentir que vous ne lui faites pas un procès, mais que vous souhaitez faire avancer les choses au mieux.

23 août

Vous venez d'apprendre que votre conjoint vous trompe…

C'est comme si le ciel venait de vous tomber sur la tête.
Ne refoulez pas vos émotions.
Tout d'abord, vous vous sentez blessé narcissiquement et très triste.
Puis, vous ressentez de la colère – « Comment a-t-il pu me faire cela, à moi ? »
Ensuite, généralement, vous passez aux affres de la jalousie : « Qu'est-ce qu'elle peut bien avoir de plus que moi ? ».
Puis vous vous interrogez : « Qui est-elle ? », « Qui est-il ? », « Où ? », « Quand ? », « Comment ? »

Pour peu que des blessures reçues pendant votre enfance et votre adolescence soient mal cicatrisées, elles ne manquent pas de se rouvrir : « Au fond, je ne mérite pas qu'on m'aime. »
Une fois votre souffrance et votre rage exprimées, il est temps de vous recentrer.

Prendre la bonne décision

24 août

Si vous avez découvert que votre conjoint vous trompe, il est fondamental d'être à votre écoute. Oui, c'est vous l'important et personne d'autre. Vous perdre, des jours durant, dans les méandres de la colère, de la jalousie, de la désespérance, être hanté par votre rival, ne va pas résoudre votre problème.

Que souhaitez-vous ?
Aimez-vous encore votre conjoint ? Ou est-ce le temps de tourner la page ?
Voulez-vous vous séparer ? Si oui, ne prenez pas une décision à chaud. Si, après réflexion et méditation, vous maintenez votre désir, ayez le courage de le mettre à exécution.
Voulez-vous faire le point sur votre relation, ensemble, pour essayer de l'améliorer et de prendre un nouveau départ ?

25 août

La peur de mourir

Certaines personnes, même jeunes et en bonne santé, sont hantées par la peur de mourir.
D'abord, efforcez-vous d'être, le plus souvent possible, dans l'instant présent.
Ensuite, vivez pleinement, en étant le plus conscient possible.
Mettez régulièrement l'agitation de votre mental au repos pour vous ressentir être, à l'écoute de votre moi profond.
Cultivez l'attention à vos sensations.
Veillez à vos pensées, à vos ressentis, à vos émotions, à vos sentiments.
Considérez différemment les personnes qui vous entourent et les événements qui vous arrivent.

Plus vous serez attentif à votre vie dans les moindres détails, plus vous ferez un chemin intérieur, moins la mort vous effraiera.
C'est le chemin du fameux *éveil* qui vous fait éprouver « *Je suis* ».

Franchir un pas…

Vous vivez en couple et vous ressentez de l'attirance pour quelqu'un d'autre. Avant de passer à l'acte, prenez le temps de réfléchir à ce que cela représente pour vous. Est-ce que cela vous valorise ? Est-ce que cela vous redonne confiance en vous ? Est-ce que cela vous rajeunit ? Est-ce que cela met du piquant dans votre vie ? Est-ce que la relation avec votre conjoint s'est affadie ? Est-ce que vous avez peur de divorcer et que vous recherchez des compensations parallèles ? Est-ce que vous traversez une crise personnelle ?

Franchir le pas n'est pas sans danger. Vous risquez de faire souffrir. Vous risquez également de vous prendre à votre propre piège. Ce n'est pas facile de gérer une relation extraconjugale. Réfléchissez !

27 août

« Deviens ce que tu es ».

Vos enfants, auxquels vous avez donné
un corps, dont vous vous occupez avec vigilance
et amour, qui requièrent votre attention, votre
temps, votre patience, votre énergie, naissent
avec une personnalité.
Vous êtes là pour les aider à devenir
eux-mêmes.
Ne cherchez pas à les transformer
en ce que vous voudriez qu'ils soient.
Ne leur imposez pas les références de votre
famille ni celles de votre conjoint.
Faites en sorte qu'ils se réalisent pleinement.
Ce qui ne veut pas dire que vous allez
leur laisser la bride sur le cou,
en leur permettant tout.

Belle-Maman ou votre mari ?

28 août

La belle-mère épouvantable est l'un des sujets favoris des humoristes.
Vous, cela ne vous fait pas rire du tout, car vous êtes confronté au problème dans la réalité.
Si vous prenez le temps de vous calmer et de réfléchir, ce n'est pas votre belle-mère qui vous préoccupe. Au fond, vous n'en avez rien à faire.
Ce dont vous avez peur, c'est qu'elle gâche votre couple.

En fait, c'est votre mari qui vous soucie, pas elle.
La bonne nouvelle, c'est que les choses sont entre vos mains.
Vous avez des écueils à éviter pour mener à bien l'évolution de votre couple, mais dès que vous saurez naviguer, vous ne craindrez plus cette dame, aussi névrosée soit-elle.
Quel soulagement !

29 août

Votre enfant a une place sur cette terre

Aidez votre enfant à avoir confiance en la vie. Il faut qu'il puisse développer ses aptitudes, ses qualités, ses centres d'intérêt, pour se réaliser et être utile aux autres.
Cela implique de lui apprendre à être à l'écoute de lui-même, de ses aspirations, de son être intérieur.
Cela implique également de lui donner le sens de l'effort et de la concentration, de façon mesurée et équilibrée, pour réaliser ses buts.
Trop de rigidité brime et étouffe une personnalité.
À l'opposé, l'absence totale de discipline handicape lourdement la concrétisation de ses rêves.

Prêtez attention au monde affectif de votre enfant

Expliquez-lui l'infinie diversité des émotions, des ressentis.
Accompagnez-le pour l'aider à prendre conscience de ses affects vis-à-vis de lui-même, des autres, de la vie.
Ne le laissez pas s'enfermer dans la négativité, la jalousie, la critique, le jugement, la colère, la haine.
Il est rare que les parents aient la préoccupation d'éduquer leurs enfants sur ce plan. De même, l'école ne donne aucun cours sur le fonctionnement psychologique des êtres humains. Incroyable mais vrai !
Il en résulte que beaucoup d'adultes sont infantiles affectivement.

31 août

Actif ou non actif ?

Une personnalité dite « active » en caractérologie, travaille régulièrement et méthodiquement.
Par exemple, si votre enfant est actif, il fait ses devoirs, apprend ses leçons sans rechigner. Et quand c'est fini, il passe à autre chose. Souvent, il est du matin et il aime faire du sport.

Une personnalité dite « non active » travaille par motivation.
Si votre enfant est non actif, se mettre à son travail scolaire est tout un problème. Il est rebelle aux contraintes, aime le plaisir de l'instant, s'intéresse à plein de choses et adore se coucher tard. Il est le spécialiste du travail fait dans l'urgence à la dernière minute, la veille au soir ou le dimanche jusqu'à point d'heure. Généralement, les parents s'arrachent les cheveux !
Ne vous inquiétez pas trop : quand votre enfant trouvera quelque chose qui le passionne vraiment, il deviendra un bourreau de travail.

Ce mois-ci
j'apprends à faire appel à mon moi profond

Un moyen très efficace pour changer votre vie pour le meilleur consiste à faire appel quotidiennement à votre moi profond, à votre soi, à votre être intérieur — choisissez le terme qui vous convient parfaitement.

Votre cœur bat, des millions d'échanges biochimiques se déroulent actuellement dans votre corps sans que vous ayez aucun effort à faire. Cette partie inconsciente de vous-même « travaille » énormément et ne demande qu'à le faire davantage !

La sagesse populaire, qui n'est autre que le fruit de l'expérience des êtres humains au fil des générations, l'exprime très bien en disant « La nuit porte conseil ». Avant de vous endormir, confiez à votre être intérieur ce qui vous tient à cœur. « Merci de m'aider à réaliser un bon dossier pour ce client », « Merci de faire en sorte que cette conversation se passe au mieux », « Merci de contribuer à ce que mon fils comprenne ce que je souhaite lui enseigner à propos de la politesse », « Merci de trouver la solution idéale à cette difficulté ». Je vous conseille de faire également appel à votre être intérieur dans la journée.

Vous pouvez également confier les êtres que vous aimez à leur moi profond. Cela ne peut que leur faire du bien et à vous aussi. Ne vous en privez pas non plus avec ceux avec qui vos relations sont plus difficiles et que vous appeliez, avant de réaliser votre big bang intérieur, vos ennemis. Sans rien attendre en retour, bien sûr. Vous ne faites pas cela pour que ces personnes changent à votre égard. Vous agissez ainsi pour vous connecter aux énergies d'un autre niveau, au-delà des apparences et de vos ego respectifs.

1er septembre

Acceptez-vous, les autres vous accepteront comme vous êtes

Si votre homosexualité vous fait peur, ce n'est pas tant votre attirance pour les personnes du même sexe qui vous préoccupe que les réactions des autres.
Il se peut, aussi, que vous ayez été élevé dans la pratique très stricte d'une religion et que cela vous pose de graves dilemmes si cette religion fustige l'homosexualité.
Vous craignez d'être incompris, jugé, condamné.
Vous craignez aussi de faire souffrir vos parents et certains membres de votre famille.
Dans certains cas, vous pensez également que cela peut vous nuire professionnellement.

Plus vous aurez confiance en vous, plus vous vous respecterez et vous vous aimerez, plus les autres le ressentiront et vous accepteront.

La vie à deux n'est pas toujours une sinécure !

2 septembre

Vivre à deux, même lorsque l'on s'aime, n'est pas toujours une sinécure !
En fait, vivre en couple demande un énorme travail sur soi.
L'épaule sur laquelle vous rêvez de vous appuyer a son caractère, ses habitudes, ses goûts, ses opinions, ses qualités parfois très différentes des vôtres, ses défauts, ses hauts et ses bas, ses préoccupations, ses soucis.
Cela ne va pas manquer de vous titiller au quotidien !
Élever des enfants n'est pas non plus toujours de tout repos…

3 septembre

Une conjugaison à écrire à deux…

La sexualité, c'est conjuguer les corps,
c'est conjuguer des vibrations, c'est conjuguer des énergies.
C'est partager de la douceur, de la tendresse, de l'intime, du plaisir, de la joie.
C'est à la fois tout simple et merveilleux !
L'expérience de l'orgasme est une forme de méditation qui, pour quelques instants, déconnecte du « petit moi » pour atteindre un autre état de conscience, hors du temps et de l'espace.
En ce sens, la sexualité est une expérience spirituelle.

4 septembre

Chassez la mauvaise humeur !

Ne vous permettez pas de rester de mauvaise humeur.
Vous savez que si vous choisissez de rester ronchon, triste, agacé, cela va compliquer votre journée qui ne va pas manquer de devenir de plus en plus désagréable.
Cela va également perturber les autres, vos intimes, vos proches, vos collègues de travail.
Comme la mauvaise humeur est contagieuse, cela risque, de plus, d'entraîner des discussions désagréables dont personne n'a besoin, y compris vous-même.

Respirez profondément, souriez à la moindre occasion, confiez votre frustration à votre être intérieur afin qu'il travaille pour vous et vous en libère.
Dans quelques heures, vous aurez complètement oublié votre coup de blues.

5 septembre

Prenez soin de votre chez-vous

Certaines personnes rêvent de pouvoir acheter une maison, de devenir propriétaire d'un appartement, ou de déménager pour quelque chose de mieux et de plus vaste.
D'autres sont éblouies par les magazines de décoration et s'attristent de ne pas avoir les moyens financiers d'améliorer leur intérieur.

Dès maintenant, faites en sorte de vous sentir bien où vous êtes.
Votre lieu d'habitation est très important, car c'est là que vous vous retrouvez et que vous vous « rechargez ».
Il suffit de peu de chose pour que vous vous réappropriiez votre chez-vous : par exemple, ranger pour que votre intérieur soit paisible et harmonieux, éventuellement changer l'agencement des meubles, faire quelques achats peu onéreux pour lui donner de la gaîté et davantage de confort.

6 septembre

Il ne tient qu'à vous de rayonner…

Voici un bon exemple du pouvoir de création des émotions et des sentiments.
Claire, une patiente, m'a consultée car elle était dévastée après la rupture avec son compagnon. Après plusieurs mois de travail pour se reconstruire, elle est maintenant très heureuse avec Paul, un homme qui lui correspond beaucoup mieux.
Elle m'a dit hier : « C'est fou comme je me fais gentiment draguer depuis que je suis bien avec Paul. Il est vrai qu'il y a un an, je souffrais tellement que j'étais complètement repliée sur moi-même. Je longeais les murs et je ne devais guère être attirante. Et, de toute façon, je n'aurais vu personne ! »

7 septembre

Remerciez l'autre

Beaucoup de femmes se plaignent d'être considérées comme « la bonne » de la maison parce que leur mari ne semble pas reconnaître tout le travail qu'elles fournissent pour assumer les courses, les repas, le ménage, la lessive, le repassage, l'accompagnement des enfants.

Sachez reconnaître et remercier votre femme pour tout ce qu'elle fait pour rendre la vie de la famille agréable. Ne considérez pas cela comme acquis.

Beaucoup de maris, même s'ils ne l'expriment pas, ne se sentent pas véritablement reconnus et soutenus par leur épouse.

Contrairement à ce que croit la gent féminine qui, cependant, aime qu'on la complimente, les hommes adorent, eux aussi, qu'on les gratifie, qu'on les valorise…

8 septembre

Évoquer d'abord ce qui va bien

Vous voulez discuter d'un problème avec votre conjoint.
Vous pouvez tout à fait, c'est même recommandé, évoquer d'abord tout ce qui va bien. Ce sera positif pour tous les deux.
Ensuite, dites les choses clairement, mais n'accusez jamais l'autre.
Il y a une grande différence entre « Tu es radin » ou « Tu es un vrai panier percé » et : « Ton comportement par rapport à l'argent me pose des difficultés, comment pouvons-nous faire ? »
Ou encore « Tu es égoïste » ou « Tu ne m'aimes pas » et : « Parfois, j'ai l'impression que tu ne me prends pas en compte, comme le week-end dernier où tu as déménagé tes copains. Comment pouvons-nous faire ? » ou « Quand tu téléphones des heures à tes amies le soir, je me sens exclu. Quelles solutions pouvons-nous trouver ? »

9 septembre

Une tierce personne : pourquoi pas ?

Si c'est trop difficile pour vous de vous expliquer sans tomber dans des scènes de ménage à répétition, vous pouvez faire appel à un psychothérapeute, à un conseiller conjugal ou à un médiateur.
Une tierce personne peut beaucoup vous aider. Elle écoute, elle ne prend pas parti, elle apaise les tensions, elle facilite la compréhension mutuelle et l'échange, elle vous aide à trouver des solutions pratiques pour sortir de l'impasse.

Aller voir ailleurs

10 septembre

La majorité des femmes, quand elles sont heureuses avec leur conjoint, ne cherchent pas à « aller voir ailleurs ».
Il y a aussi des hommes, généralement très responsables et investis dans leur vie familiale, qui choisissent de rester fidèles.
Il ne leur vient pas à l'esprit de tromper leur épouse.
Il y a aussi d'autres hommes qui, tout en ne remettant pas en cause leur couple, batifolent de temps à autre.
Ils ne reprochent rien à leur femme.
Ils ont besoin de séduire, de goûter à la nouveauté, de se rassurer, de se revaloriser.
Certains ont même une vie parallèle avec un deuxième amour.
Il est très rare que les hommes demandent le divorce. À vous de savoir, après réflexion, ce que vous pouvez accepter et ce que vous refusez catégoriquement, quitte à divorcer.

11 septembre

Sourire, un geste citoyen

Sourire à quelqu'un peut le sauver. Je dis bien le sauver. L'empêcher, au dernier moment, de se suicider. De nombreux témoignages de personnes tentées de commettre l'irréparable l'attestent. Dans un contexte moins grave mais tout aussi important, sourire à une personne âgée et solitaire peut illuminer sa journée, en lui donnant de l'attention et de la tendresse. Quant à la caissière du supermarché, elle vous dira volontiers, si vous le lui demandez, que les clients souriants sont bien agréables et lui évitent de se sentir assimilée à la caisse enregistreuse, autrement dit à un meuble. Alors, n'hésitez jamais à sourire aux autres.

12 septembre

S'évader…

Vivez le plus possible dans le moment présent. Mais il n'est pas interdit de rêver !!!

« Quand la charge de travail est lourde au bureau, je m'efforce de respirer et je pense à la balade que je fais le dimanche matin dans la forêt, avec mon mari, quel que soit le temps. Cela me déstresse immédiatement. »

« J'adore avoir en perspective un projet agréable. J'aime réserver un week-end ou une semaine de vacances, un peu à l'avance. J'y pense, cela me met de bonne humeur et me réjouit. »

13 septembre

Trouvez un juste équilibre !

Si vous vivez seul, vous cloîtrer chez vous n'est pas une solution.
Mais, à l'inverse, sortir tous les soirs parce que vous ne supportez pas d'être avec vous-même, tranquille et serein, ne vaut guère mieux.
Il en est de même pour certains couples.
Vivre replié sur soi-même est étouffant car les êtres humains ont besoin de contacts et d'échanges, ainsi que d'ouvertures sur le monde.
Mais s'étourdir pour éviter tout rendez-vous avec soi-même masque une peur et un mal-être.
Essayez d'apprivoiser, petit à petit, selon votre cas, soit le monde extérieur, soit votre monde intérieur.
Le bonheur est dans l'équilibre de ces deux polarités.

Une nouvelle page à tourner, ensemble

14 septembre

Être papa pour la première fois est une fantastique expérience.
Mais elle n'est pas toujours facile à gérer.
Vous avez vécu beaucoup d'émotions et beaucoup de stress.
Vous manquez de sommeil.
Ce petit être avec lequel vous faites connaissance vous émerveille mais vous interroge aussi.
Votre femme est devenue une maman et elle est très accaparée pour votre nouveau-né.
Soudain, vous devez partager votre amour et votre territoire.

Surtout, ne vous refermez pas sur vous-même.
Même si elle ne vous le dit pas, votre compagne a énormément besoin de vous et de votre amour pour l'accompagner dans cette nouvelle page de votre vie de couple.

15 septembre

Une panne passagère…

Certaines périodes difficiles – stress au travail, crainte d'être licencié, période de chômage – peuvent avoir un retentissement sur votre vie sexuelle.
La sexualité est une expression de l'amour, mais elle n'est pas la seule.
Privilégier encore davantage le dialogue avec votre conjoint, exprimer votre tendresse, dire votre affection, partager des moments de détente est très utile pour traverser cette période.
Bien sûr, veiller à cultiver des pensées et des affects positifs est fondamental.
Si vous le faites tous les deux, si vous vous aidez mutuellement à maintenir le cap, vous traverserez cette période difficile avec beaucoup plus d'aisance et de rapidité.

16 septembre

Petits exercices pour passer une très bonne journée

Premier exercice : au lieu de dire aujourd'hui, « Il faut », « Je dois », « la barbe », « encore », « zut », faites les choses que vous avez à faire, mais en choisissant de les effectuer non seulement sans traîner les pieds, mais de la manière la plus agréable possible.
Essayez, c'est beaucoup plus joyeux et c'est infiniment moins fatigant.
Second exercice : mettez les préoccupations et les ruminations à propos de vos soucis à la consigne pendant 24 heures.
À moins que vous n'œuvriez aujourd'hui pour trouver une solution !

17 septembre

Tout nouveau tout beau ? Pas si sûr…

Marié, vous êtes en train de tomber amoureux de quelqu'un d'autre.
Vous vivez sur un petit nuage, retrouvant des émois que vous aviez oubliés depuis longtemps.
Autrement dit, vous renouvelez avec un inconnu ou une inconnue ce qui vous avait tant charmé au moment de la rencontre avec votre conjoint.

C'est beaucoup plus facile de se laisser séduire par quelqu'un avec qui l'on ne partage que des moments privilégiés, en catimini.
Avec votre conjoint, il y a l'habitude, le quotidien, les factures, les soucis.
Il serait sage de faire le point sur votre couple et de prendre une décision – choisir votre conjoint ou le quitter.
Dites-vous aussi que ce n'est pas des plus épanouissants pour la personne que vous avez rencontrée de se cantonner à être l'homme ou la femme de l'ombre.

18 septembre

Vous aussi avez été adolescent

L'adolescence est une période de profondes interrogations sur le sens de sa vie, sur la société, sur ses propres valeurs et ses propres idéaux.
Elle entraîne certaines remises en question, contestations et rébellions qui ne sont pas sans inquiéter les parents.
La notion d'appartenance à un clan, à une génération, avec ses codes, ses signes de reconnaissance, ses modes de ralliement, devient très importante et les relations amicales sont prépondérantes.
On parle d'une certaine manière, on s'habille d'une certaine façon, on écoute certaines musiques, on partage certaines références culturelles, on passe des heures sur des forums et les réseaux sociaux d'Internet.
Chaque génération a une forme d'adolescence qui lui est propre.
Vous aussi avez été adolescent.

19 septembre

Rome ne s'est pas faite en un jour

Au sortir d'un échange constructif avec votre conjoint, vous avez décidé ensemble de mettre en œuvre certaines choses pour améliorer votre relation de couple.
Bravo !
Toutefois, tout ne se fait pas en un jour...
Il serait avisé de convenir de reprendre rendez-vous tous les deux, au fil des mois suivants, pour faire le point sur l'évolution de ce que vous avez décidé.
Qu'avez-vous réussi à transformer ?
Que pouvez-vous encore améliorer ?
Avez-vous de nouvelles idées ?

Un travail qu'on aime

20 septembre

« Il faut bien travailler pour gagner sa vie », « Ce n'est pas rigolo, mais c'est comme ça », « La plupart des gens n'aiment pas leur travail, je ne fais pas exception à la règle », « Vivement la retraite ».
Traîner les pieds, l'humeur morose, le lundi en commençant la semaine, regarder sa montre au fil de la journée en trouvant le temps long, attendre avec impatience le vendredi, compter les jours en attendant les vacances n'est guère propice à l'épanouissement et au bonheur.
Peut-être n'avez-vous pas eu, pendant votre enfance ou votre adolescence, de modèles d'adultes, dans votre famille ou dans votre entourage proche, qui aimaient leur activité professionnelle.
Essayez de remonter dans vos souvenirs.
Vous avez certainement eu un professeur qui aimait ce qu'il faisait et faisait partager sa passion à ses élèves.
C'était nettement plus agréable, n'est-ce pas ?

21 septembre

Parlez à votre enfant en adulte

Il se peut que votre enfant ne travaille pas bien en classe parce qu'il n'aime pas ce qu'il fait.Les programmes scolaires lui paraissent étrangers à ce qui l'intéresse vraiment. Essayez de l'aider à envisager la situation autrement. Faites-le réfléchir au futur. Expliquez-lui que ce qu'il apprend lui donne les bases d'une culture qui lui sera très utile ultérieurement.
Si les cours de français l'ennuient, comprendre un texte, savoir l'analyser, en faire la synthèse, exprimer son point de vue, lui sera fort précieux dans sa vie professionnelle et relationnelle.
Écrire sans faire de fautes d'orthographe ou de grammaire lui sera également très profitable, y compris pour sa vie sociale et affective.
Il en est de même pour toutes les matières.

Est-ce vraiment la peine ?

22 septembre

Beaucoup de frères et sœurs se fâchent lors du partage de l'héritage de leurs parents. Demandez-vous, quand même, si la jolie commode que vous avait promise votre maman et qui se retrouve chez votre belle-sœur et votre frère vaut la peine que vous vous coupiez d'un pan de votre passé.
Les frères et sœurs sont précieux, car vous partagez des souvenirs en commun.
Certes, vous ne voyez pas de la même façon vos parents, ni votre enfance.
Mais évoquer ensemble le passé peut être délicieux et l'occasion de moments de tendresse et de fous rires.

23 septembre

Chacun sa voie

Certains parents, croyant faire pour le mieux, usent lourdement de leur influence pour que leurs enfants embrassent une profession idéale à leurs yeux ou à celle de leur famille.
Il arrive, également, que des pères aient toujours désiré que leur fils prenne leur succession.
Tout le monde n'est pas fait pour être professeur, ingénieur, médecin, juriste ou notaire.
Vous souhaitez que votre enfant réussisse et soit heureux.
Même si cela vous déçoit beaucoup sur le moment, laissez-le embrasser la voie qui lui plaît.
Vous ne le regretterez plus, ensuite, quand vous le verrez épanoui et réalisé.

24 septembre

Gagner en efficacité

Il est très surprenant que l'on n'apprenne pas à travailler aux élèves et aux étudiants. Écouter, prendre des notes, réviser ses cours, nécessite un apprentissage et de la méthode. N'hésitez pas à en parler avec votre enfant ou suggérez-lui de demander conseil à un professeur qu'il aime bien ou à un camarade qui a de bons résultats.
Savoir comment travailler est très utile pour être plus rapide et plus efficace.

25 septembre

Vivre avec l'autre, pas à côté

L'un des grands pièges du couple est l'habitude.
Vous avez chacun votre vie, vos activités,
vos préoccupations.
Quand vous rentrez chez vous, vous êtes
fatigué et aspirez à la tranquillité après une
journée professionnelle chargée.
Mais vous avez rarement le temps de souffler
car il faut s'occuper des enfants, du dîner, etc.

Peu à peu, vous vivez davantage l'un à côté
de l'autre que l'un avec l'autre.
Il est important d'en prendre conscience
pour raviver la flamme, en vous accordant
des moments privilégiés ensemble.

26 septembre

Patience…

Vos adolescents sont parfois très arrogants, en mettant en avant leur ego surdimensionné et en estimant tout savoir sur tout.
Vous voilà relégué au rang d'adulte dépassé qui, à leurs yeux, ne comprend rien à rien.
Cela cache un profond manque de confiance en eux.

Je sais que ce n'est pas facile, mais essayez – c'est très important – de ne pas les assaillir de reproches et de ne pas leur parler uniquement de leurs défauts.
Insistez sur leurs qualités, leurs aptitudes, leur capacité à se réaliser.
Ne les laissez pas s'enfermer dans une mauvaise image d'eux-mêmes qui deviendrait un cercle vicieux pernicieux.
Étiquetés comme mal embouchés, insupportables, odieux, paresseux, ils continueraient immanquablement de l'être.

27 septembre

« Touche pas à ma famille ! »

Sur le modèle du slogan « Touche pas à mon pote », il faudrait créer le mot d'ordre « Touche pas à ma famille ».
C'est une règle d'or pour l'harmonie des couples.
Ne critiquez jamais la famille de votre conjoint. Si vous êtes honnête avec vous-même, vous savez bien que, vous non plus, n'aimez pas que l'on attaque votre famille…
Laissez votre conjoint s'exprimer si un membre de sa famille lui pose problème, écoutez-le, soutenez-le, mais ne jetez pas d'huile sur le feu. De même, ne mettez jamais, de votre propre chef, la discussion sur le tapis.

28 septembre

Gardez le contact

Invitez chez vous les copains de vos enfants qui grandissent.
Faites connaissance, sans vous imposer.
Il est souvent précieux, pour un adolescent en crise avec ses parents, d'entendre ses camarades dire : « Ta mère, elle est super sympa à côté de la mienne » ou « Ton père est vachement bien, tu as de la chance ».
Cela lui permet de relativiser.
Sa famille n'est peut-être pas si nulle que cela… et celle des autres ne semble pas forcément plus idyllique !

29 septembre

Du piment dans la vie conjugale !

Pour beaucoup d'hommes, la sexualité est un besoin, une détente, un bonheur et ne demande pas de conditions préalables particulières.
Elle est également une source de joie et d'épanouissement pour les femmes, heureusement !
Mais la plupart d'entre elles ont besoin d'un climat propice, fait de tendresse, de complicité et d'intimité, pour éprouver du désir.
Pour compliquer les choses, la majorité des hommes ne sont guère habitués à parler d'eux-mêmes, de leurs sentiments, de leurs ressentis, de leur journée, tandis que les femmes sont en général intarissables.
D'où l'extrême importance de la créativité pour pimenter la relation conjugale.

30 septembre

Osez être vous-même

Même si les mentalités sont en train de bouger du fait de l'éclatement de plus en plus fréquent des couples, vivre seul reste souvent perçu comme une situation peu enviable.
Si vous souffrez de cette situation, demandez-vous si votre mal-être ne résulte pas de facteurs dus à la pression sociale.
Par exemple, vos parents voudraient que vous soyez « casé » et rêvent de petits-enfants.
Ou votre horloge biologique avance à grands pas et cela vous interroge et vous inquiète.
Ou encore, des événements dans votre entourage vous amènent à vous poser des questions, comme le mariage d'un frère, d'une sœur, d'un ex, d'amis, la naissance de bébés. Osez être vous-même.

Ce mois-ci
j'apprends à ne plus avoir peur

L'un des premiers changements dont vous bénéficiez, en mettant en pratique ces réflexions quotidiennes, est de cesser, peu à peu, d'avoir peur. Quelle libération ! En premier lieu, vous n'avez plus peur de vous-même. Vous savez très bien que vous n'êtes pas parfait. Au lieu de vous appesantir sur cela, vous êtes conscient que vous êtes unique, comme chacun d'entre nous. Vous avez la certitude que vous avez votre place sur cette terre, que vous êtes là pour vous épanouir et vous réaliser, en interaction avec les autres. Vous êtes en paix avec votre passé. Même si vous avez vécu des choses difficiles et douloureuses avec votre famille, vous n'en êtes plus victime. Il en est de même pour toutes les personnes qui vous ont causé de la souffrance. Vous n'avez plus peur des autres. Quand les relations sont agréables, harmonieuses et enrichissantes, vous vous en réjouissez et veillez à les entretenir, avec gratitude, comme un magnifique jardin. Lorsque les personnes sont différentes de vous, au lieu de les critiquer, de les juger, de jeter l'anathème sur elles, vous les écoutez pour mieux les comprendre. Vous n'adoptez pas forcément leur conception de l'existence ni leurs références mais vous apprenez de vos divergences. Quand vous vous apercevez que vous n'avez rien en commun avec certaines personnes, que leurs valeurs sont opposées aux vôtres, rien ne vous oblige à les fréquenter. Vous ne vous fâchez pas, mais vous prenez de la distance, et c'est très bien comme cela. On ne peut pas plaire à tout le monde ! Vous n'avez plus peur des événements. Vous avez cessé de craindre les « tuiles sur la tête » comme la majorité des êtres humains qui les anticipe et donc les attire. Vous avez confiance en la vie. Vous avez compris qu'elle ne vous veut aucun mal et qu'elle vous aime. Vous savez que, quoi qu'il advienne, vous trouverez la solution idéale en vous centrant.

Vous avez des difficultés avec votre mère

La première chose est de mettre des mots sur ce que vous ressentez et d'identifier, calmement et posément, le problème. Chaque cas est unique. Prenons quelques exemples.
Votre mère peut être envahissante et tentaculaire. Elle n'a pas « coupé le cordon ». Elle tente de régenter votre vie, à sa façon et selon ses principes, et vous étouffez.
Votre mère peut être froide, distante, rigide. Vous avez toujours manqué d'affection et cela continue. Vous êtes une fille aînée et votre mère n'en a que pour votre frère depuis sa naissance. Depuis que vous êtes devenue adolescente, votre mère vous jalouse (c'est beaucoup plus fréquent qu'on ne le croit).

Vous n'allez pas changer votre mère. Ce qui peut changer, et c'est énorme, c'est que vous cessiez d'attendre d'elle l'impossible et que vous appreniez à vous aimer vous-même.

1er octobre

2 octobre

Agissez en parent, pas en « copain »

Plus vous échangerez avec votre enfant, plus votre relation avec lui sera riche, intense, formatrice.
Attention toutefois à ne pas vous transformer en « copain » de vos fils et de vos filles.
Gardez votre place de parent, c'est-à-dire d'éducateur. Ce qui implique beaucoup d'amour, mais aussi de la fermeté, sans toutefois tomber dans la rigidité.
Parfois, vos enfants ne vont pas « vous porter dans leur cœur ». Cela fait partie de la règle du jeu… Ce peut être une bonne occasion pour leur expliquer ce qu'est l'ambivalence affective.
Ils vous aiment, beaucoup, mais de temps à autre, ils vous rejettent et vous détestent.
Il en est de même avec leurs frères et sœurs ou avec leur meilleur ami.

Laissez passer l'orage...

3 octobre

Certains êtres humains à la personnalité névrosée veulent toujours avoir raison et ont tendance à écraser les autres.
Leurs techniques d'intimidation sont multiples.
Ils vous ignorent, vous déconsidèrent ou vous mettent plus bas que terre.
Tour à tour, ils se murent dans le silence, émettent des critiques acerbes ou exercent leur autorité de manière abrupte ou violente.
Certains se mettent dans des états impossibles, hurlent, vitupèrent.
Face à eux, vous perdez vos moyens.

En fait, exercice difficile, il s'agit de vous maîtriser et d'avoir l'intelligence plus forte que l'ego.
Toute tentative pour discuter lorsque ces personnes sont en crise est vouée à l'échec.

4 octobre

Visualisez, c'est magique !

Vous voulez vous expliquer avec votre conjoint à propos de quelque chose qui ne va pas.
N'ayez pas peur.
Ne partez pas du principe que vous n'allez pas vous comprendre.
Ne soyez pas dans des émotions négatives qui ne manqueraient pas d'envenimer les choses.
Ce n'est pas une scène de ménage que vous voulez, mais un dialogue constructif.

Afin de préparer positivement votre discussion, la visualisation peut beaucoup vous aider.
Vous imaginez que vous êtes à côté de votre conjoint et que vous ressentez de l'apaisement, de la détente, de la joie, du bonheur à la suite de cette conversation.

5 octobre

La sexualité ne relève pas de la performance

Ne vous mesurez pas à l'aune des statistiques et ne vous dévalorisez pas si vous ne faites pas l'amour deux à trois fois par semaine (c'est la fréquence hebdomadaire exprimée par la majorité des Français).
Si vous êtes une femme, ne vous jugez pas comme une nunuche si vous n'avez pas trouvé votre point G ou que sais-je encore.
Si vous êtes un homme, arrêtez de vous préoccuper de la taille de votre pénis.

La sexualité qui rend heureux, qui épanouit, ne relève pas de la performance et n'est régie par aucun diktat, par aucune règle, par aucune statistique.
Elle est le bon plaisir de deux êtres, dans la liberté et le respect mutuel.

6 octobre

N'ayez pas peur de la réalité

Si vous vivez une obsession amoureuse, peut-être avez-vous envie de consulter pour connaître votre avenir.
Les voyants et les voyantes ont l'habitude de ces situations. Un pourcentage important de leur clientèle est en proie à ces affres.
Certains abondent dans votre sens et vous recommandent la patience : la personne vous aime vraiment, et les choses ne vont pas manquer de s'arranger comme vous le souhaitez.
Vous terminez l'entretien sur un petit nuage.
Rapidement, comme rien n'évolue, vous retournez chez votre voyant et devenez un consultant fidèle (c'est le but !).
Heureusement, il y a des médiums honnêtes.
Mais ils savent que vous ne voulez pas entendre la vérité.
Alors, ils essaient tout doucement, en ménageant la chèvre et le chou, de vous faire prendre conscience que vous faites fausse route.

Petits arrangements…

Quand leurs maris batifolent par trop souvent, certaines épouses demandent le divorce. « Cela m'est devenu insupportable », « Je ne supportais plus ses mensonges concernant ses soi-disant dîners d'affaires et ses séminaires en province ou à l'étranger », « J'ai perdu toute confiance en lui », « Je n'avais plus de désir pour lui, il me dégoûtait », « Un jour, je me suis réveillée et je me suis dit que je valais mieux ». D'autres s'en accommodent.
« Mon mari est très porté sur le sexe.
Je ferme les yeux sur ses incartades, car nous avons toujours une vie intime intense et très agréable, après 22 ans de mariage. C'est peut-être le prix à payer. Ce qui me faisait souffrir, c'était qu'il me mente. J'ai mis les choses au point. Maintenant, il me dit seulement qu'il sera absent. Je peux le joindre sur son portable en cas d'urgence pour les enfants. Je ne lui pose jamais de questions à son retour.
J'ai retrouvé ma sérénité comme cela. »

8 octobre

Une expérience enrichissante

Les chercheurs s'intéressent de plus en plus aux phénomènes d'expérience de mort imminente (EMI). Des personnes qui étaient à la frontière de la mort (pendant un coma avancé ou un état de mort clinique) témoignent d'un ensemble de « sensations vécues ».
Cinq stades progressifs ont été décrits.
D'abord, une partie de soi se détache soudain, voit et entend avec force détails ce corps très mal en point, le lieu et les personnes qui l'entourent. Puis, cette même partie de soi est aspirée dans un tunnel de lumière où règnent une paix et un amour indicibles. La cinquième et ultime étape consiste à s'entendre dire que l'on n'a pas fini sa mission sur terre et que l'on doit donc revenir et continuer.
Ce qui est très intéressant sur un plan psychologique, c'est que ces personnes, une fois leur santé retrouvée, ne voient plus la vie de la même façon, n'attachent plus d'importance aux mêmes choses, n'ont plus les mêmes valeurs, sont bien davantage dans l'amour universel et surtout, ne craignent plus de mourir.

9 octobre

Choisir le bon moment

Quand vous voulez avoir une discussion constructive, prenez soin de choisir le bon moment.
Il faut d'abord que la personne avec laquelle vous voulez parler soit disponible.
Si votre mari a eu une journée difficile au bureau, mieux vaut attendre un autre soir ou le week-end.
Si votre adolescent est ronchon, attendez qu'il soit de meilleure humeur.
Évitez également les dernières minutes au bureau, alors que votre collègue ou votre collaboratrice doit impérativement aller chercher ses enfants à l'heure dite.
De même, si votre patron se prépare pour un rendez-vous important, remettez votre demande d'entretien à plus tard.

10 octobre

Des actes, pas des mots

Beaucoup de femmes trouvent que leurs maris ne sont pas assez démonstratifs concernant leurs sentiments à leur égard.
« Il ne me dit pas qu'il m'aime »,
« Il ne me félicite jamais et, pourtant, je sais qu'il apprécie ce que je fais »,
« Le moins que l'on puisse dire, c'est qu'il ne me fait pas la cour, les bouquets de fleurs, les petites surprises, ce n'est pas son truc »,
« Il ne me raconte rien de sa journée au bureau ».
Culturellement, les hommes n'ont pas été éduqués à exprimer leurs ressentis, leurs émotions, leurs sentiments.
Heureusement, cela va changer dans les générations à venir, parce que l'on éduque maintenant les garçons différemment.

Ne regardez pas ce que votre mari vous dit, regardez ce qu'il fait pour vous et pour vos enfants. C'est ainsi que la plupart des hommes aimants manifestent leur affection.

Les valeurs féminines à l'honneur

11 octobre

Le millénaire actuel, dont les années
commencent par un 2, verra l'avènement
des valeurs féminines.
Il ne s'agit pas des femmes en particulier,
il s'agit de l'humanité en général.
Autrement dit, cela concerne le développement
de votre femme intérieure, quel que soit
votre sexe.
L'humanité est invitée à davantage d'écoute,
de respect, de compréhension, de dialogue,
de partage, d'amour universel.
Il s'agit de passer d'un temps de compétition
à un temps de cohésion.

12 octobre

Osez reconnaître que ce n'est pas fait pour vous

Tout le monde n'est pas fait pour être marié.
Il se peut que vous ayez convolé en justes noces sous la pression du « socialement correct » ou de l'influence des deux familles concernées. Vivre avec une personne, partager le quotidien n'est pas votre tasse de thé.
Vous vous ennuyez ferme, votre libido est en berne, vous avez l'impression d'avoir un fil à la patte, vous étouffez, vous vous sentez en prison.
Vous n'avez rien à reprocher à votre conjoint.
Vous n'avez pas envie d'aller voir ailleurs.

Ayez le courage de constater que vous vous êtes trompé.
Votre conjoint mérite mieux et vous, vous avez parfaitement le droit de préférer vivre autrement.

Ne baissez pas les bras

13 octobre

Vous ne reconnaissez pas forcément vos enfants quand ils deviennent adolescents.
Ce n'est pas une période facile pour vous, parents. Elle est difficile pour eux également…

La première des choses est d'accepter cette étape, de la considérer comme normale.
La bonne nouvelle, c'est qu'elle ne va pas durer éternellement, ouf !
Évitez d'aborder vos adolescents de front quand ils sont en pleine crise d'agressivité.
Attendez que l'orage passe et parlez ensuite, calmement mais fermement.
Ne baissez pas les bras. Ils vous testent plus ou moins consciemment. Fixez-leur des limites, ils en ont besoin. Même s'ils rechignent et se rebellent. Ne les laissez pas se prendre à leur propre jeu.

14 octobre

Ne rentrez pas en compétition avec votre belle-mère

Votre belle-mère est difficile.
Vous voudriez que votre mari prenne votre parti, qu'il vous défende avec énergie, qu'il vous impose sans appel, qu'il terrasse le dragon. Je suis désolée de vous décevoir, mais vous faites fausse route.

La plupart des hommes fuient comme la peste les complications, les histoires et les conflits.
Votre mari connaît sa mère depuis qu'il est né !
Il y est habitué. Il s'est adapté.
Alors que tel détail vous hérisse et vous met dans tous vos états, cela glisse sur lui et il préfère ne pas y prêter attention.
Ne rentrez pas en compétition avec elle.
Vous êtes hors concours. Vous êtes la femme que votre mari aime et a choisie.
Vous ne jouez pas dans la même cour.

Le fond, pas la forme

Vous avez discuté avec votre conjoint de quelque chose qui vous dérangeait dans son comportement.
Tout s'est bien passé, vous avez été entendu et vous avez trouvé ensemble des solutions.
C'est peut-être l'occasion de lui demander, à son tour, d'exprimer ce qui lui pose difficulté vous concernant.
Attention, ne vous vexez pas !
Parfois, les conjoints sont un peu gauches pour s'exprimer.
N'écoutez pas la forme, si elle est maladroite, mais le fond, car cela peut vous faire prendre conscience de quelque chose et vous être très utile.

15 octobre

16 octobre

Passé de l'autre côté...

Votre père ou votre mère vient de décéder.
Si une profonde affection vous unissait,
vous vous sentez un peu perdu et abandonné.
Continuez d'aimer ce parent disparu.
Si vous êtes croyant, ne le retenez pas
mentalement dans l'espoir qu'il vous protège,
souhaitez-lui de progresser et d'évoluer dans
son nouvel état de conscience.
Si vous ne croyez pas à une vie après la mort,
honorez sa mémoire.
Transmettez à vos descendants le souvenir
de sa personnalité.

Gare aux influences…

Faites attention quand vous parlez
de vos projets à vos proches.
Certains vont être à votre écoute, vous encourager, voire vous donner des conseils avisés fort utiles.
D'autres vont réagir avec leur ego :
« À ta place », « Moi je ferais », « À mon avis »,
« Tu devrais », « Tu ne devrais pas ».
Vous allez vous sentir quelque peu déstabilisé et cela risque de vous freiner dans votre élan et d'ébranler votre confiance en vous.
D'autres vont carrément vous décourager, parce que cela les remet en cause concernant leurs propres difficultés à se réaliser.
Ne parlez de vos projets qu'à des personnes bien dans leur peau et en paix avec elles-mêmes.

18 octobre

Coming out !

Quand vous serez prêt – mais ne tardez pas trop –, prenez votre courage à deux mains et osez dire votre homosexualité.
Tous les homosexuels, hommes ou femmes, qui ont osé franchir le pas et faire leur coming out se sont sentis, ensuite, infiniment soulagés.
Ils regrettaient de ne pas l'avoir fait plus tôt, tant ils se sentaient mieux.
Si vous vivez en couple, présentez votre compagnon ou votre compagne à votre famille, à vos amis, à vos proches.
Vous serez souvent étonné des résultats.

L'amour véritable est contagieux.
Ceux qui vous aiment accueilleront probablement la personne qui partage votre vie beaucoup plus gentiment et chaleureusement que vous ne le craigniez.

Tirer des leçons

Vous avez divorcé.
Mettre tout sur le dos de l'autre ne va nullement vous aider à avancer.
Garder de la colère, de l'amertume, voire de la haine va handicaper votre bonheur futur.
Prenez conscience de ce qui n'a pas fonctionné dans votre couple.
Qu'est-ce qui vous a attiré au début chez l'autre ? Comment les choses ont-elles évolué ? En quoi votre relation a-t-elle fait écho chez vous ? Avez-vous besoin de vous respecter et de vous aimer davantage ? À quoi direz-vous non maintenant ? Quelles sont les leçons que vous pouvez en tirer pour un avenir meilleur ?

20 octobre

Cherchez la cause

Si votre enfant est en échec scolaire, ne vous énervez pas en le traitant de stupide ou paresseux.
Même s'il ne vous le dit pas ou prend un air détaché quand vous lui en parlez, votre enfant souffre. Cela affecte son estime de lui-même et ses relations avec ses camarades d'école.

Vous pouvez beaucoup l'aider. Allez voir ses enseignants, cherchez la cause.
Il se peut qu'il manque, comme beaucoup d'élèves, de bases essentielles pour suivre et progresser. Un rattrapage scolaire s'impose alors.
Il traverse peut-être une période difficile, est préoccupé, a du mal à fixer son attention, n'hésitez à le faire suivre psychologiquement.
D'autres facteurs peuvent intervenir : une dyslexie non détectée, des problèmes de vue et d'audition, et même parfois, un Q.I. d'enfant précoce.

21 octobre

Et si la crise avait du bon ?

La crise économique qui secoue le monde occidental invite la plupart des personnes à réfléchir à leurs vrais besoins.
Au fond, qu'est-ce que l'abondance pour vous ?

« J'ai fait la chasse aux gaspis qui ne m'apportaient aucun plaisir et qui, mine de rien, grevaient mon budget. Par exemple, à quoi cela me sert-il d'être abonné à des revues que je ne lis pas ? »
« Maintenant, une fois que j'ai payé ce qui est incompressible, je me pose la question de savoir ce qui me plaît vraiment. Je fais attention à ne pas trop dépenser au quotidien afin d'avoir la possibilité de voyager et de faire quand j'en ai envie, une sortie au restaurant. Ce sont mes deux luxes. »
« J'ai redécouvert le plaisir de cuisiner des plats mijotés. Non seulement toute la famille se régale, mais je dépense beaucoup moins d'argent qu'avant quand j'achetais tout préparé. »

22 octobre

L'enfant idéalisé

Vous êtes jaloux d'un membre de votre fratrie, parce que vous estimez que c'était le chouchou de vos parents. Vous trouvez cela injuste et vous ressentez de la rancune.

Pour vous libérer de votre souffrance, il est important, d'une part, que vous réalisiez que le chouchou en question n'y est pour rien. D'autre part, dites-vous que la place du préféré n'est pas aussi confortable que vous ne le supposez.
Être l'enfant idéalisé impose souvent beaucoup de pression. On doit répondre aux attentes et aux rêves de la famille. Parfois en se reniant soi-même.
Ce serait intéressant d'évoquer cette question avec votre frère ou votre sœur.

Le mariage n'a pas été créé pour le bonheur…

23 octobre

Aujourd'hui, alors que les divorces et les séparations se multiplient, vivre à deux apparaît dans l'imaginaire collectif, comme la condition *sine qua non* du bonheur. Ce phénomène est pourtant très récent. Historiquement, et dans quasiment toutes les cultures, le mariage est une institution sociale, visant à donner un cadre légal à la formation de la famille et à garantir la filiation en vue d'assurer la transmission éventuelle des biens. On restait ensemble par devoir, le mari avait sa fonction, l'épouse la sienne et tous les deux respectaient le « socialement correct ». La religion pesait très lourd dans la balance. Le mariage n'a pas été créé pour le bonheur, même si un faible pourcentage de couples était heureux.

24 octobre

Vous n'êtes pas en cause

Si vous avez des problèmes avec votre père, commencez par verbaliser pour vous-même ce que vous ressentez et par définir, calmement et posément, vos difficultés. À la différence d'une mère, il est rare qu'un père envahisse votre quotidien par des conversations téléphoniques interminables et répétées et des e-mails trop fréquents. Cependant, il est probable que vous perceviez, malgré son silence, un désintérêt, une désapprobation, un jugement négatif à votre égard. Et cela pèse très lourd pour vous. Vous appréhendez les rencontres familiales, craignant ses regards, ses allusions, ses réflexions, voire ses colères et ses anathèmes.

La première étape pour vous libérer est de vous intéresser à l'histoire de votre père. Cela vous permettra de mieux comprendre pourquoi il agit ainsi. Cela n'a généralement rien à voir avec vous.

Quelle est votre mémoire ?

Il existe trois canaux de mémorisation : la mémoire visuelle, la mémoire auditive et la mémoire kinesthésique qui est liée au mouvement.
Chaque être humain, selon sa personnalité, utilise un canal qui lui est prioritaire et un second qui vient en relais.
Si votre enfant a avant tout une mémoire visuelle, il a besoin de recopier clairement ses notes, de classifier, de souligner, de surligner, d'utiliser certaines couleurs.
Un autre enfant qui a une mémoire essentiellement auditive trouvera un grand bénéfice à relire ses cours à haute voix.
Enfin, un enfant kinesthésique pourra s'aider d'un tableau pour apprendre.

26 octobre

Vous avez, vous aussi, été un adolescent

Remontez dans vos souvenirs.
Vous aussi avez été adolescent.
Vous allez sans doute me répondre que vous n'avez pas fait le quart des bêtises de votre fils ou de votre fille ou que, « de mon temps », on respectait ses parents.

Même si votre comportement était plus réservé ou plus discret, vous vous êtes également posé, à cette période, mille questions.
Vous avez remis en cause l'ordre établi qui vous paraissait trop « politiquement correct ».
Vous remémorer votre adolescence peut vous aider à mieux comprendre celle de vos enfants.

Moi, moi et encore moi

27 octobre

Les personnes qui ne parlent que d'elles, qui cherchent constamment à être le point de mire de l'attention, qui font sans cesse leur apologie masquent un profond manque de confiance en elles.
Ce n'est pas toujours facile à comprendre pour ceux qui les côtoient, mais c'est une réalité psychologique.

Être dans le « moi, moi et encore moi » est à l'opposé de l'harmonie avec soi.
La vraie force est la force tranquille qui ne se met pas en avant et coopère harmonieusement avec les autres.

28 octobre

Apprenez à bien vous traiter

Si la relation avec votre maman a été difficile, il est très probable que vous n'avez pas reçu l'affection que vous souhaitiez.
Ce n'est pas tant votre mère qui est importante, c'est vous.
C'est vous, ici et maintenant.
Qu'allez-vous être et faire pour vous donner de l'amour, à partir d'aujourd'hui?

Apprenez à bien vous traiter, prenez soin de vous, maternez-vous, c'est extrêmement important pour vous guérir des séquelles du passé.
Mettez de la douceur dans votre vie.
Câlinez votre enfant intérieur.

29 octobre

Cessez d'idéaliser vos parents

Il est très important, devenu adulte, que vous ne considériez plus vos parents uniquement comme « papa » et « maman », mais comme des êtres humains, ayant vécu eux-mêmes une enfance, une adolescence, une histoire, ayant une personnalité bien spécifique, des qualités et des défauts.
C'est là où la psychogénéalogie peut beaucoup vous aider.
L'un des grands problèmes des relations familiales est que les enfants rêvent de parents parfaits qui les aiment totalement comme ils le voudraient.
Le jour où vous allez enfin accepter que vos parents sont « des névrosés comme tout le monde », vous ferez un pas de géant pour votre évolution et votre bonheur.

30 octobre

Un gage de réussite

Certains parents, croyant bien faire, mettent une énorme pression sur leurs enfants pour qu'ils réussissent en classe.
« Fais tes devoirs », « Révise tes leçons »,
« Si tu as une mauvaise note, tu seras puni »,
« Tu peux mieux faire ».
Les enfants se considèrent alors comme des « carnets de notes sur pattes ».

Qu'est-ce que font les excellents professeurs qui captivent leurs élèves ?
Ils rendent concret, vivant, intéressant, captivant, passionnant ce qu'ils enseignent.
Il serait plus efficace de faire en sorte
que
vos enfants aiment leurs études.
C'est le moyen le plus sûr de réussir.

Faut-il tout envoyer balader ?

Il y a tromperie et tromperie.
Une tentation d'un soir est, la plupart du temps, une simple relation sexuelle sans lendemain.
Ce n'est pas une raison, allez-vous me rétorquer. Je sais…
Demandez-vous quand même si cela vaut la peine d'« envoyer tout balader ».
Il n'y a que vous qui puissiez répondre à cette question.

Ne réagissez pas sous l'emprise de la fureur et de la vengeance.
N'écoutez pas votre ego, mais votre moi profond, votre être intérieur.
Prenez le temps de vous centrer et de prendre la décision juste pour vous.

Ce mois-ci
j'apprends à changer de niveau de conscience

À mesure que vous mettez en pratique ces big bangs quotidiens, votre vie change parce que vous changez votre niveau de conscience. Vous veillez à vos pensées afin de cultiver une attitude paisible, constructive, positive, dynamique. Quand vous rencontrez un problème, vous savez qu'une solution idéale existe pour le résoudre. Vous êtes attentif à vos ressentis, vos émotions, vos sentiments. Vous savez que vos affects agissent comme des aimants. Ils attirent à l'extérieur ce qui leur correspond, à travers les personnes ou les situations. Vous cultivez précieusement le sourire, la bonne humeur, la gaîté, la joie, le rire et aussi la tranquillité, la paix, la sérénité. Cerise sur le gâteau, votre positivité est extrêmement bénéfique pour votre entourage… Vous vous respectez et vous vous aimez suffisamment pour ne pas prolonger des relations affectives ou amicales qui ne vous correspondent pas. Si votre couple va mal, vous faites tout pour améliorer votre relation, y compris vous remettre en cause. Si cela s'avère impossible, vous avez le courage de mettre un terme à cette union. Si vous êtes seul, vous ne vous engagez pas dans une relation toxique où il vous faudrait vous contenter de miettes d'amour.

Au travail, vous vous rendez la tâche la plus agréable possible. Vous savez que plus vous prenez d'intérêt à ce que vous faites, plus vous allez vous sentir bien et être d'autant plus efficace, sans fatigue inutile. Vous essayez d'avoir les meilleures relations possible avec vos collègues et votre hiérarchie, sans toutefois tout mélanger. Vous êtes un artisan de paix, vous fuyez critiques, jugements, commérages et médisances. Vous ne jetez pas d'huile sur le feu en cas de conflit. Vous prêtez beaucoup plus d'attention et donnez davantage d'affection à vos proches. En couple, vous ne tenez pas l'autre pour acquis. En famille, vous prenez le temps de dire à vos enfants que vous les aimez. Parallèlement, vous cultivez précieusement vos amitiés.

Ne vous enfermez pas

1er novembre

Aucun défunt qui vous aime ne souhaite
que sa disparition entraîne votre désespérance
pour le reste de votre vie.
Si c'est un conjoint aimé et aimant que vous
pleurez, il a toujours veillé à votre bonheur.
Ne vous enfermez pas dans le chagrin et la
solitude.
Si vous traversez l'épreuve particulièrement
difficile d'avoir perdu un enfant, sachez que
certains parents, afin de donner du sens
à leur histoire, se mobilisent, en sa mémoire,
pour une cause en lien avec la raison du décès :
prévention routière, recherche scientifique
pour guérir certaines maladies,
accompagnement pour les problèmes de drogue,
prévention du suicide chez les jeunes, etc.
Si vous avez d'autres enfants,
veillez particulièrement sur eux.
Ne faites pas du disparu un modèle idéalisé
inatteignable.

2 novembre

Du pire peut naître le meilleur

Voici une très belle leçon de résilience et de positivité.
La mère de Françoise Dolto, la célèbre fondatrice de la psychologie pour les enfants, lui répétait : « Quel dommage que ce ne soit pas toi qui sois morte à la place de ta sœur », « C'est ta faute si ta sœur est morte, tu n'as pas assez prié pour qu'elle guérisse ».
Vous conviendrez qu'en matière de petites phrases qui tuent, ces réflexions sont particulièrement assassines.

Non seulement Françoise Dolto a fait un travail sur elle-même pour se libérer, mais cela lui a donné l'inspiration pour aider les autres enfants.
Un magnifique exemple qui montre que l'on peut donner du sens à son histoire pour devenir soi-même.

Mettez du soleil chez vous

3 novembre

Si le temps gris et le manque de lumière affectent votre humeur, adoptez les coutumes des pays nordiques.
Veillez à donner une atmosphère chaleureuse à votre intérieur.
Mettez de jolies lampes avec des abat-jour de couleur claires et gaies, rappelant les rayons du soleil-jaune, orange, rouge.
Vous pouvez disposer aussi quelques coussins dans ces mêmes couleurs.
Allumez des bougies.
Parfumez votre intérieur.
Mettez de la musique douce.
Bien sûr, si vous avez une cheminée, profitez-en.
Savourez votre cocon !

4 novembre

Profitez de votre célibat

Ne vous lamentez pas sur votre solitude. En attendant de trouver la personne qui vous convienne vraiment, il serait plus sage d'apprivoiser cette période temporaire. Vous y trouverez beaucoup d'avantages. De plus, les personnes bien dans leur peau sont toujours beaucoup plus attirantes. Profitez pleinement de certaines choses que vous procurent l'indépendance et la liberté et que vous ne pourrez plus faire ensuite de la même façon. Cela vous permettra aussi de ne pas vous emballer pour la première personne rencontrée. Vous ne chercherez plus à fuir votre solitude à n'importe quel prix.

5 novembre

Libido en berne ?

Si vous vivez en couple, il se peut que votre sexualité ait été jusque-là très satisfaisante et que vous rencontriez, depuis quelque temps, un problème.
Ne vous enfermez pas dans votre difficulté.
Parlez-en avec votre conjoint et adressez-vous à un médecin ou à un thérapeute.
Ne considérez surtout pas cette libido en berne comme un échec, ni comme un état définitif, ni comme un non-amour de la part de votre partenaire.
Il est rare que les couples aient une sexualité linéaire tout au long de leur histoire.
Votre désir est profondément influencé par les circonstances de votre vie.

6 novembre

Mieux vaut s'entendre avant…

Si, pour vous, la fidélité conjugale est indispensable à votre bonheur, osez le dire, avant de vous unir.
« Si tu me trompes, je ne pourrai pas le supporter »,
« Pour moi, un véritable amour implique la fidélité »,
« Es-tu prêt à t'engager à m'être fidèle ? »,
« Pour moi, la base du couple est la fidélité ».
Souvent, vous n'êtes pas clair parce que vous craignez de faire peur à l'autre.
À quoi sert de construire un couple où ce qui est essentiel pour vous ne va pas être respecté ?
Mieux vaut avoir le courage de rompre, afin de rencontrer quelqu'un qui partage les mêmes convictions que vous.

Anticipez une heureuse issue !

7 novembre

Stoppez la machine à malheurs qui vous fait toujours anticiper les difficultés, les complications, les obstacles.
Vous avez une réunion : cessez d'avoir peur et de vous tourmenter à l'avance.
Tout ce que vous avez à faire est de la préparer du mieux que vous le pouvez, c'est-à-dire d'*agir pour* au lieu de *lutter contre*.
Et d'anticiper que tout va très bien se passer.
Vous avez un différend avec votre conjoint ? Cessez de penser que vous n'allez pas trouver de solution.
Il y a même des personnes qui se rendent furieuses, *à l'avance*, de ce qu'elles imaginent dans leur mental : « Je ne vais pas pouvoir lui parler, c'est toujours comme cela avec lui », « Je ne peux rien lui dire, elle a un caractère de cochon, elle va encore m'envoyer balader ».
C'est le plus sûr moyen d'aboutir à un pugilat.

8 novembre

Stop !

Vous ne pouvez vous en empêcher, vous êtes un coureur de jupons invétéré ou une séductrice compulsive.
Ce comportement paroxystique est la conséquence de profondes blessures psychologiques.
Mais, généralement, l'idée de vous soigner pour vous libérer de votre esclavage ne vous vient même pas à l'esprit.
Il y a, malheureusement, longtemps que vous vous êtes « perdu de vue ».
Vous préférez fuir votre mal-être et vous contempler dans les miroirs que constituent vos multiples conquêtes.
Quitte à les briser en les dévastant…
Votre avidité est un puits sans fond qui ne vous apporte aucune satisfaction véritable.
Avancer en âge vous terrorise.
Réveillez-vous !

9 novembre

Votre fille devient femme

Vous êtes père et votre fils vous présente, pour la première fois, sa petite amie.
Pour la plupart des papas, cela ne pose aucun problème.
Cette fois-ci, c'est votre fille qui vous présente le garçon dont elle est amoureuse.
En général, c'est beaucoup plus compliqué à vivre ! Vous avez beau vous raisonner, cela vous fait un choc…
Vous ressentez que votre fille devient une femme et qu'elle vous échappe.
Vous faites beaucoup d'efforts pour accueillir le mieux possible cet « étranger » que vous considérez, inconsciemment, comme un rival.
Est-ce que c'est un type bien ?
Est-ce qu'il l'aime vraiment ?
Est-ce qu'il va savoir la rendre heureuse ?
Avec le temps, si vous sentez que votre fille est épanouie, vous allez apprécier votre gendre potentiel. Courage !

10 novembre

« Elle me pique mon fils ! »

Ce que je viens de dire pour les papas vaut également pour les mamans, en miroir inversé. Une amie me disait : « J'ai toujours beaucoup apprécié le petit ami de ma fille avec lequel je m'entends très bien. Mais quand le week-end dernier, mon fils m'a présenté sa petite amie, cela ne m'a pas fait du tout le même effet. » Mon amie est psy elle aussi.

« Écoute, tout ce que j'ai appris dans mes études et ma pratique m'a sauté au visage. C'est incroyable ce que l'on ressent quand on est maman d'un fils. Elle est manifestement très amoureuse de Jérôme, elle est très sympa, intelligente, jolie et féminine comme tout, elle a tout pour plaire. Je devrais être ravie. Je le suis, mais intellectuellement. J'ai quand même ressenti qu'elle me piquait mon fils. Cela m'a fait tout drôle. Dis-moi si je deviens une belle-mère horrible… »

J'ai rassuré mon amie, elle va s'y faire très bien, le premier choc passé !

11 novembre

Ne cherchez pas à changer l'autre, changez, vous !

Malheureusement, il y a des couples où le dialogue est impossible, parce que l'un des partenaires s'y refuse complètement. N'essayez pas de changer l'autre, c'est impossible. Seul nous-même pouvons décider de changer.
Quand les conflits ne sont pas trop nombreux et pas trop dramatiques, voyez si vous pouvez vous adapter et contourner la difficulté, sans jamais cesser de vous respecter et en aménageant quelque peu différemment votre vie.
Sinon, osez vous séparer. Vous n'avez pas à demeurer dans une situation toxique pour vous. Dépassez vos peurs.
Ne vous laissez pas manipuler par votre entourage amical ou familial.
Si vous avez des enfants, un des plus beaux cadeaux que vous puissiez leur faire est d'être heureux.

12 novembre

De nouveaux liens à créer

Vos enfants grandissent et sortent, maintenant, de la période d'opposition systématique et de rébellion de l'adolescence.
Ce peut être une période très agréable et très féconde pour vous en tant que parents et aussi bien sûr, pour les jeunes adultes que deviennent vos enfants.
Vous pouvez discuter de beaucoup plus de sujets, avoir des échanges profonds à propos de la vie.
Essayez de vous intéresser, le plus possible, aux sujets qui les passionnent. Cela vous fera découvrir des choses nouvelles, ce qui est toujours agréable et stimulant.
Et cela enrichira vos liens.

Quand l'histoire se répète…

13 novembre

Vous avez toujours eu l'impression que votre sœur ou votre frère était l'enfant préféré.
Vous vous êtes senti mal considéré, délaissé, rejeté.
Souvent, cela n'a rien à voir avec vous, mais est la conséquence de l'histoire de vos parents.
Par exemple, dans la famille de votre mère, on privilégie les fils. Elle en a souffert, mais répète, néanmoins, le même scénario.
Autre exemple, votre père a eu des conflits importants avec son grand frère et vous êtes son fils aîné sur lequel il projette ce frère.
D'où l'importance de bien comprendre et de travailler votre psychogénéalogie pour vous libérer.

14 novembre

À méditer…

Il était une fois, dans la Grèce antique, un monsieur âgé qui savourait la fontaine et la place de son village et se reposait à l'ombre des arbres.

Un premier voyageur lui demanda s'il était bien sur la route qui menait d'Athènes à Delphes. « Oui, c'est le bon chemin. » Le voyageur en profita pour lui demander comment étaient les gens à Delphes. Le monsieur âgé lui posa, à son tour, cette question : « Que pensez-vous des gens d'Athènes ? – Oh, mon pauvre monsieur, ce sont des gens épouvantables, désagréables, malhonnêtes. » Il lui répondit : « C'est pareil à Delphes. »

Une demi-heure plus tard, un autre voyageur, rassuré également d'être dans la bonne direction, lui posa la même question. Il obtint la même réponse. « Que pensez-vous des gens d'Athènes ? – Oh, cher monsieur, ce sont des gens plein de qualités, je les apprécie beaucoup. » Le vieil homme lui répondit : « C'est pareil à Delphes. »

15 novembre

Comme bon vous semble

Certains frères et sœurs restent très proches tout au long de leur vie.
Leurs enfants développent d'importantes relations entre cousins et cousines.
Mais, dans d'autres cas, bien que vous ayez grandi ensemble, il se peut que vous n'ayez pas vraiment d'affinités. Ou que vos vies soient par trop dissemblables.
Ne vous forcez pas à fréquenter les membres de votre fratrie si vous n'en avez pas envie.
Ce n'est pas parce que vous avez partagé votre enfance que vous devez tisser des liens intimes plus tard.
Cela évitera bien des fâcheries à propos de vos différences, voire des ruptures définitives.

16 novembre

Aidez-le à y voir plus clair !

Si votre enfant, devenu jeune adulte,
est en échec dans les études supérieures,
il peut être mal orienté.
Beaucoup de bacheliers ne savent pas vers
quoi se diriger et choisissent, sans conviction,
un cursus qui ne leur plaît pas vraiment.
Si c'est le cas, encouragez-le à en changer
à la prochaine rentrée.
De même, parlez-lui de toutes les solutions
qu'il a à disposition pour s'informer.
Il peut se rendre à des forums et des salons
d'information spécialisés.
Il peut poser des questions à des professeurs
ou des professionnels.
Il peut trouver des stages non rémunérés
qui lui feront « toucher du doigt » la réalité
d'une profession.

17 novembre

Acceptez l'évidence

La maladie d'Alzheimer ou toute pathologie qui entraîne la perte de la mémoire est particulièrement difficile à vivre.
Il m'a été donné d'accompagner des patients qui mettaient plusieurs mois à accepter que leur parent ne se souvienne plus de leurs visites, ne les reconnaisse plus.
Manifestez alors votre amour par des gestes de réconfort, de tendresse, par des fleurs.
Les scientifiques ont découvert que, même dans un coma profond, des gestes ou des paroles d'affection étaient perçus par certaines sphères du cerveau.

18 novembre

Ne vivez pas caché

Malgré tous vos efforts pour vivre en couple avec une personne du sexe opposé, vous vous apercevez que vous êtes, définitivement, homosexuel ou lesbienne.
Parfois, cela vous fait beaucoup souffrir, parce que vous n'avez rien à reprocher à votre conjoint et que vous aimez vos enfants.
Bien que vous ayez peur de faire du mal, osez dire, parler, dialoguer.
Vous ne pouvez pas rester dans un mensonge qui vous dévaste, par respect pour vous-même et, aussi, par respect pour votre mari ou votre femme.
Trouvez la meilleure des solutions ensemble.
Les enfants acceptent, souvent, beaucoup mieux qu'on ne le croit l'homosexualité de leur père ou de leur mère.
Ce qu'ils veulent, c'est être aimé et que leurs parents soient bien dans leur peau.

19 novembre

Un nouveau départ

Il arrive qu'une infidélité soit pour le couple l'occasion d'une prise de conscience mutuelle.
Cela demande beaucoup de travail sur soi, de part et d'autre.
Cela exige de l'humilité, de la patience et de l'amour, aussi bien pour la personne blessée que pour celle qui a blessé.
Vous pouvez découvrir, ensemble, ce qui pose problème dans votre couple.
Vous pouvez vous expliquer et vous comprendre, vous remettre en question et décider de changer mutuellement.
Vous pouvez vous pardonner.
Cette crise devient alors l'occasion d'une renaissance de vous-même et de votre couple.

20 novembre

Tel que vous êtes...

De même que vous avez rêvé de parents parfaits, votre mère et votre père ont rêvé d'enfants parfaits.
Des enfants qui grandissent sans problèmes, dociles, gentils, affectueux, bons élèves, intelligents, qui ne posent pas de difficultés à l'adolescence et qui réussissent selon leurs critères (ce qui varie énormément d'une famille à l'autre).

De même que vous avez à dépasser le fait que vos parents n'aient pas été parfaits, vous avez à vous accepter et à vous aimer, tel que vous êtes. Non, vous n'avez pas été le fils ou la fille idéal(e). Et c'est très bien ainsi !

21 novembre

Quand les rôles s'inversent…

Vous venez d'apprendre que votre père ou votre mère est gravement malade.
Si une solide affection vous unit, il perdure en vous, quel que soit votre âge, une image de vos parents vous protégeant, vous soutenant, vous épaulant. Cette nouvelle vous stupéfie, vous attriste, vous inquiète. C'est comme si un pan de votre vie s'écroulait.
Même si la relation avec votre parent est plus ou moins conflictuelle, il n'en reste pas moins que cet événement vous touche.
Les rôles s'inversent et, cette fois, c'est votre père ou votre mère qui a besoin de vous.
Que pouvez-vous faire ? Comment prendre en compte ses besoins ? Comment l'accompagner au mieux ? Si vous avez des frères et sœurs, comment vous répartir les rôles ?

22 novembre

Se réapproprier son histoire

Si cela n'a pas été très aisé avec vos parents et que vous ayez souffert, vous aurez guéri une bonne part de votre psychogénéalogie quand vous direz :
« Ma mère était très névrosée et c'était dur. J'ai dû travailler en psychothérapie pour me libérer. Maintenant, je suis en paix. Cela a finalement été une grande chance. Tout cela m'a permis de devenir ce que je suis maintenant. Je suis une maman très différente avec mes enfants.
Je suis heureuse en couple. J'exerce un métier que j'aime. »
« Cela a été très difficile avec mon père. Mais il m'a donné la vie et il avait certaines qualités. Au fond, même si cela m'a demandé du temps et un travail sur moi-même, je me suis réapproprié mon histoire et j'ai donné du sens à ce que j'ai vécu. J'ai pu m'épanouir et me réaliser et je suis mieux à même de comprendre les autres et de les aider. »

23 novembre

Votre collègue n’est pas votre ami

Une erreur fréquente consiste à confondre relation professionnelle et amitié.
S’il peut être très agréable et fort souhaitable de travailler en équipe, d’échanger dans la convivialité, de déjeuner ensemble, il faut veiller à ne pas dépasser certaines limites au sein de l’entreprise.
Votre vie privée ne regarde personne.
Ne faites pas de confidences intimes que vous pourriez amèrement regretter par la suite. De même, ne posez pas de questions trop personnelles, de façon à ne pas gêner vos collègues.

24 novembre

L'absence de figure paternelle

Si votre père a été difficile ou absent, vous avez manqué de quelqu'un qui vous soutienne et vous donne confiance en vous.
Peut-être avez-vous trouvé cette affection auprès d'un beau-père, d'un grand-père, d'un oncle, d'un ami de la famille.
Si ce n'est pas le cas, c'est à vous, maintenant, de vous donner ce qui vous a manqué, l'estime de vous-même.

Tout d'abord, reconnaissez vos qualités, vos talents et vos aptitudes.
Faites la liste de ce que vous avez découvert, entrepris, expérimenté au cours de votre vie.
Ensuite, pacifiez-vous avec ce que vous appelez vos échecs, des expériences qui ne se sont pas déroulées comme vous le souhaitiez. La sagesse est d'apprendre de vos échecs, au lieu de vous vilipender. D'autre part, certains échecs s'avèrent, ensuite, de grandes chances, car cela vous ouvre d'autres voies, beaucoup plus heureuses et fertiles.

25 novembre

Ne confondez pas tout !

Certaines personnes souffrent beaucoup au travail parce qu'elles vivent dans la peur. Peur de ne pas bien faire, peur de la charge de travail, peur de ne pas être à la hauteur, peur d'être critiquées, peur d'être mal vues. On projette sur ses supérieurs hiérarchiques les relations que l'on a eues avec les représentants de l'autorité pendant son enfance et son adolescence.

Si c'est votre cas, réfléchissez à ce que vous projetez sur votre patron.
Est-ce votre père, un beau-père, des membres du corps enseignant, votre maman si elle était très exigeante ?
En prendre conscience peut vous aider à être davantage en paix professionnellement.

26 novembre

Re-choisir sa famille

Les personnes qui croient en la réincarnation pensent que l'on choisit sa famille. Elle sera, même à travers ses dysfonctionnements, le terreau idéal pour progresser et évoluer dans cette vie.
En tant que psychothérapeute, je pense qu'il est fondamental de *re-choisir* sa famille. Évidemment, cela ne signifie qu'il faille se remettre dans des conditions toxiques. Vous avez à vous respecter et à imposer des limites quand c'est nécessaire.
Re-choisir sa famille, c'est être en paix avec son passé, guérir des séquelles douloureuses et utiliser, aussi, tout ce qui a été positif.
C'est faire fleurir son histoire pour soi-même d'abord, et pour les autres, ensuite.

27 novembre

Pourquoi pas vous ?

Si vous n'aimez pas votre travail parce qu'il ne vous correspond pas, ne vous voilez pas la face et faites courageusement le point. Osez en parler à la direction du personnel. Une patiente, Fabienne, s'ennuyait mortellement au service de comptabilité générale de l'entreprise qui l'employait. Après bien des hésitations, ayant pris enfin confiance en elle, elle a franchi le pas et demandé un rendez-vous à son DRH. Une place était vacante au service clientèle d'une succursale. Fabienne proposa de faire un essai d'un mois. Il fut tout à fait concluant. Fabienne se sent maintenant épanouie, car elle est en contact avec de nombreuses personnes et cela lui convient tout à fait. N'hésitez pas, non plus, à reprendre des études dans le cadre de la formation continue.

28 novembre

Dire je t'aime à ses proches

Il est généralement peu fréquent que vous disiez à votre père et à votre mère que vous les aimez.
Vous pensez que cela va sans dire. Ou vous n'osez pas. Cela vous intimide, vous gêne, vous ne savez pas comment vous y prendre.

N'attendez pas qu'ils soient malades pour le faire.
Saisissez la prochaine occasion, une conversation, un repas de famille, leur anniversaire, la fête des Mères ou la fête des Pères, Noël ou le jour de l'An, pour leur exprimer, très clairement, même si tout n'est pas parfait, votre affection et votre gratitude.

29 novembre

Écrivez ce que vous n’avez jamais dit

Vous n’avez jamais eu d’excellentes relations avec votre mère ou avec votre père.
Vous venez de perdre ce parent.
Cette situation entraîne pour vous deux deuils.
Celui de votre parent, « en chair et en os », et celui de cette mère ou de ce père « idéal(e) » que vous n’aurez jamais.

Un exercice très utile consiste à écrire au défunt tout ce que vous ressentez, sous forme d’une lettre symbolique.
Vous pouvez ensuite brûler cette lettre et en disperser les cendres à l’endroit où repose la personne.

30 novembre

Chacun sa conception

Une amie d'une amie m'a confié un jour :
« Je vous le dis à vous parce que vous êtes psy. Je ne comprends pas pourquoi les femmes sont si obsédées par la fidélité de leur conjoint. J'adore mon mari et je n'ai pas la moindre envie de le tromper, car je suis heureuse avec lui. Mon mari est un séducteur et je sais qu'il fait, plus ou moins souvent, des coups de canif dans le contrat. C'est curieux, mais je n'en souffre pas. Je sais que mon mari m'aime et ne me quittera jamais. En fait, je n'aimerais pas du tout que personne ne regarde mon mari ! J'aurais l'impression que je suis la seule à le trouver désirable. Je dois être névrosée… »
Comme quoi, la notion de fidélité est particulière à chacun.
D'où l'importance de trouver la vôtre.

Ce mois-ci
j'apprends à utiliser la synchronicité

Quand vous changez votre état de conscience, l'un des fantastiques cadeaux que vous recevez de la vie est la synchronicité. Ce terme a été créé par le grand psychanalyste suisse Carl Gustav Jung. Il consultait en été et sa patiente analysait un rêve où lui était apparu un scarabée doré. La fenêtre était ouverte et un scarabée doré se posa près du thérapeute. « Voici votre scarabée », dit, émerveillé, Jung à sa consultante qui ne l'était pas moins. La synchronicité vous apporte une multiplicité de petits signes. Comme maintenant vous savez les voir et les entendre, vous ne vous sentez plus jamais seul, abandonné, désespéré. La synchronicité est un outil extrêmement puissant de la loi de cocréation. Elle se manifeste sous divers aspects. Par exemple, votre fille vous a confié, il y a 2 jours, qu'elle souhaiterait faire un stage en entreprise l'été prochain. Une relation amicale, dont vous n'aviez pas de nouvelles depuis longtemps, vous téléphone, toute joyeuse : « Excuse-moi de ne pas t'avoir donné signe de vie ces derniers mois, j'ai été très occupée, je viens de créer ma société. » Vous échangez des nouvelles et elle vous dit, incidemment : « Il va falloir que je prenne une stagiaire. » Autre exemple, vous faites le marché, ou vous êtes dans le bus, ou vous écoutez la radio. Vous entendez une petite phrase « anodine » qui, tout d'un coup, provoque en vous un déclic. C'est la réponse à votre question ou un nouvel éclairage auquel vous n'auriez jamais pensé. Ou encore, vous avez décidé de vendre votre voiture. Des amis v veulent vous présenter un couple de leur connaissance. Justement, l'épouse vient de trouver un nouveau travail, et elle a besoin d'acheter une voiture d'occasion. Plus vous serez en paix avec vous-même et avec les autres, plus la synchronicité vous aidera. Vous pouvez l'utiliser consciemment. Vous formulez votre désir ou votre souhait en disant : « Si c'est bon pour moi et si c'est bon pour l'univers, je remercie qu'il se réalise. »

1er décembre

Le blues de Noël

Osez être vous-même pour les fêtes de Noël.
Si vous vous sentez mal chaque année dans ces réunions de famille incontournables, rien ne vous oblige à continuer.
Vous pouvez montrer votre affection autrement que par votre présence.
Si la course aux cadeaux prônée par la société de consommation ne vous correspond plus ou grève trop lourdement votre budget, vous pouvez instituer d'autres valeurs.
Cela soulagera certainement d'autres personnes de votre famille…
Si vous avez envie de vous occuper, à cette occasion, des personnes seules ou nécessiteuses, suivez votre intuition.

Vos amis ne sont pas psys

2 décembre

L'amitié est une chose très précieuse.
Mais vos amis ne sont pas psychothérapeutes et c'est très bien ainsi !
Quand vous leur confiez vos soucis et vos préoccupations, ils vont réagir en fonction de leur propre histoire et projeter leurs propres points de vue, leurs propres affects.
Ils vont vous abreuver de conseils, dont certains seront en harmonie avec vous, d'autres pas du tout, ce qui ne va pas manquer de vous perturber.

Un psychothérapeute ne donne pas de conseils.
Il est là pour vous aider à voir clair en vous, pour vous libérer de qui vous fait souffrir, pour vous aider à trouver les solutions qui vous correspondent à vous, et à personne d'autre.

3 décembre

Leçons de la vie…

Avez-vous remarqué ces petites leçons de la vie qui invitent à relativiser les choses et à rire de soi-même ?

Vous vous laissez aller à critiquer quelqu'un – ce que vous faites de moins en moins maintenant.
La plupart du temps, quelques jours après, vous faites exactement ce que vous reprochiez à l'autre personne !
Soyez vigilant et vous verrez…

4 décembre

Savourez, sans culpabiliser

Si vous surveillez votre ligne et que vous craquez pour un magnifique gâteau, au lieu de vous culpabiliser et de le dévorer à toute vitesse, savourez-le pleinement, en prenant votre temps.

Beaucoup de personnes fonctionnent au tout ou rien. C'est le fruit d'éducations rigides.
Il serait plus sage de savoir que la perfection n'existe pas.
Et de vous accorder, une fois par semaine, un petit extra qui vous permettra de mener à bien l'équilibre de votre alimentation hebdomadaire.

5 décembre

Être totalement dans ce que l'on fait

Vous pouvez méditer en préparant un potage ou en faisant du jardinage.
Il suffit d'être totalement à ce que vous faites.
Méditer, c'est se sentir *être*, sans être happé par le flot de vos pensées.
Concentrez-vous sur les légumes, leurs textures, leurs odeurs, le couteau qui les épluche, l'eau qui les lave.
C'est particulièrement reposant.
De même, observez la terre, ce que vous plantez ou taillez ou ce dont vous prenez soin.
Contemplez la lumière, les couleurs, les feuilles, les fruits, les fleurs avec vos yeux, votre nez, vos oreilles.
Soyez présent à tous vos gestes et toutes vos sensations.

Ce sont des chirurgiens qui le disent…

« L'amour fait des miracles ».
Ce sont les chirurgiens qui ont opéré et soigné Gabrielle Giffords qui l'ont répété – plusieurs fois – lors de leurs conférences de presse.
Cette jeune femme, députée démocrate, a été blessée par un déséquilibré à Tucson en Arizona. Une balle a traversé son front et sa boite crânienne.
Son mari l'a accompagnée nuit et jour alors qu'elle était entre la vie et la mort à l'hôpital.
Contre toute attente, elle a survécu…
Son mari l'accompagne également pendant sa rééducation qui n'est pas des plus simples – elle doit réapprendre à parler – et ses progrès sont époustouflants.
L'amour fait des miracles, aussi, dans votre vie quotidienne…

7 décembre

De nouvelles relations

Certains adolescents qui se chamaillaient, plus jeunes, avec leurs aînés se rapprochent soudain d'eux.
Cela soulage bien des parents, ravis de la nouvelle cohésion familiale !
Il est plus facile de se confier et d'échanger avec quelqu'un qui est passé par là, 2 ou 3 ans plus tôt. Deux frères, deux sœurs peuvent puissamment s'entraider.
Si l'on est un garçon, une sœur plus âgée peut être une excellente conseillère en ce qui concerne les relations féminines.
Il en est de même lorsque l'on devient une jeune fille et que l'on a un grand frère.

8 décembre

N'hésitez pas à donner !

Une amie chère vous offre une très jolie robe que vous aimez beaucoup, mais qui, malheureusement, ne vous va pas.
Ne laissez pas cette jolie robe dormir dans votre placard. Faites-en profiter une amie qui sera ravie de la porter.

On vous offre un robot ménager que vous avez déjà. Cherchez à l'échanger si c'est possible ou donnez-le à quelqu'un d'autre qui en profitera avec grand plaisir.

Moins vous retenez et vous accumulez, plus vous vous ouvrez à l'énergie de la vie et à l'abondance.

9 décembre

Élixir de jeunesse

Que vous soyez une femme ou un homme, saviez-vous que vous disposez d'un soin rajeunissant et d'une fontaine de jouvence complètement gratuits ?
Il suffit de sourire et de rire !

Sourire remonte vos traits, tonifie les muscles de votre visage, fait pétiller vos yeux.
Rire active votre circulation sanguine, fait travailler vos abdominaux (ce qui est nettement plus agréable que les pompes), a une influence positive sur votre métabolisme et vos défenses immunitaires.
À utiliser sans modération !

Des valeurs à transmettre

Il est important d'enseigner à vos enfants certaines valeurs qui leur seront utiles, tout au long du chemin que sera leur vie. Apprenez-leur à se respecter en premier lieu, à respecter les autres, à respecter l'environnement, à respecter le monde qui les entoure.
Donnez-leur le sens du sacré, c'est-à-dire le sens de la gratitude, de la beauté, de l'harmonie, de la tendresse, de la générosité, du service aux autres, de l'enthousiasme, de l'émerveillement.

10 décembre

11 décembre

Soyez attentif aux signes

Vous décidez de partir en voyage vers une destination lointaine.
Comme « par hasard », votre attention étant focalisée sur cette contrée, la synchronicité se met tout naturellement en route.
Vous faites des recherches fructueuses sur Internet.
Vous découvrez, dans votre kiosque à journaux, un numéro spécial qui vient de sortir sur ce pays.
Vous parlez de votre projet à vos amis.
« Magiquement », certains l'ont visité, connaissent des personnes qui y sont allées ou sont en contact, d'une manière ou d'une autre, avec ce pays.

Il en est de même dans la vie courante.
D'où l'intérêt de fixer votre attention sur la joie, l'abondance, l'amour, le bonheur.

12 décembre

Ouvrez-vous aux bonnes surprises !

Quelque chose de merveilleux peut vous arriver à tout moment.
Ne l'oubliez pas.
Ne sombrez pas dans le train-train, l'habitude, la morosité.
Restez éveillé.
Si vous vous ouvrez aux bonnes surprises de la vie, elles ne vont pas manquer d'arriver.
De plus, des petites choses que beaucoup de gens ne remarquent même pas, vont, soudain, vous apparaître belles, joyeuses, émouvantes, amusantes, heureuses, magiques.
Le merveilleux existe au quotidien et vous attend.

13 décembre

Une journée riche en enseignement…

Tout ce que vous avez découvert et mis en pratique va vous servir pour mieux accompagner vos enfants.
Apprenez-leur à remercier la vie chaque matin, en se réveillant.
Aidez-les à davantage prendre conscience de leurs sensations et à vivre, le plus possible, dans l'instant présent.
Donnez-leur une éducation affective, en leur expliquant l'infinie diversité des émotions et des sentiments.
Quand ils sont submergés par des affects négatifs, guidez-les pour qu'ils les comprennent, les analysent et les dépassent.
Enseignez-leur le respect d'eux-mêmes, des autres, de la nature, de l'univers.
Favorisez chez eux la joie, l'enthousiasme, l'émerveillement.
Veillez à ce qu'ils remercient le soir pour tout ce qu'ils ont vécu et appris dans la journée.

14 décembre

Douce harmonie...

Vous commencez à vraiment savourer les fruits de vos big bangs quotidiens.

Vous connaissez vos qualités, vos aptitudes, vos goûts.
Vous êtes en paix avec vous-même et vous vous aimez tel que vous êtes.
Vous avez confiance en vous.
Vous ne redoutez plus les situations nouvelles, de quelque ordre qu'elles soient.
Vous savez que vous êtes capable de vous adapter, d'apprendre, de progresser, d'évoluer.
Vous êtes en harmonie avec la vie qui est mouvement.

15 décembre

Une autre façon de voir les choses

Si une difficulté se présente, vous ne la considérez plus comme votre ennemie. Vous refusez de vous sentir victime. Vous ne vous plaignez pas pendant des heures auprès de votre entourage. Vous n'en faites pas une montagne. Vous vous concentrez sur la solution. Même si quelque chose de très grave vous arrive, vous vivez cette épreuve tout à fait différemment.

Je voudrais rendre hommage ici à Bernard Giraudeau et à David Servan-Schreiber qui ont vécu leur cancer de façon extrêmement courageuse et positive, en ayant la constante préoccupation que leur expérience puisse aider les autres.

Enfin, vos valises émotionnelles sont vides !

Vous ne vous permettez plus de vous laisser envahir par la morosité, la tristesse, la colère, la jalousie, la haine, ou tout autre sentiment négatif, comme si vous étiez pieds et mains liés, impuissant.
Vous faites le travail psychologique nécessaire pour vous libérer de ce qui provoque en vous ces émotions et ces sentiments et pour vous décharger de vos « valises émotionnelles ».
Vous savez que votre monde intérieur attire comme un aimant, dans le monde extérieur, les événements et les personnes qui lui correspondent.
Vous veillez à cultiver des ressentis paisibles et positifs.

17 décembre

Bravo, vous progressez !

Vous veillez à exprimer à la personne qui partage votre vie votre joie, votre amour, votre reconnaissance pour tout ce qu'elle vous apporte et fait pour vous, le bonheur que vous ressentez pour son accompagnement de tous les jours, votre gratitude pour ce que vous partagez ensemble.
Vous n'hésitez pas à remercier et à féliciter votre conjoint.
Vous veillez également à vous réserver des moments privilégiés ensemble, tous les deux, comme lorsque vous vous êtes rencontrés.
Ce peut être, par exemple, une promenade, un déjeuner ou un dîner au restaurant, un week-end.

18 décembre

Loin de tout ça…

Vous ne perdez plus une énergie considérable à affirmer vos points de vue sur tout et sur rien et à convaincre les autres que vous avez raison. Les discussions, du style café du commerce, à propos de l'actualité vous ennuient. Vous ne vous désintéressez pas du monde, bien au contraire. Mais les idées toutes faites, les jugements simplistes, les polémiques stériles ne vous concernent plus.

Avant de vous faire une opinion, vous prenez soin de vous informer et de vous documenter. Vous laissez aux autres la liberté de penser différemment de vous, sans les critiquer ni les juger.

19 décembre

Bien dans votre vie

Vous gérez beaucoup mieux l'emploi du temps de vos loisirs.
Vous avez à cœur de cultiver ce qui vous fait du bien, la paix, l'harmonie, la beauté, l'amour.
Méditer, même quelques minutes, fait partie de votre quotidien.
Vous aimez marcher, le plus souvent possible, ne serait-ce qu'une demi-heure.
Vous appréciez beaucoup le contact avec la nature. Dès que vous le pouvez, vous vous régénérez dans un parc en ville, à la campagne, en forêt, au bord de la mer, à la montagne, suivant la région où vous habitez.
Vous prenez le temps de lire, d'écouter de la musique, de vous livrer à une activité créative ou artistique.

20 décembre

Vous êtes devenu beaucoup plus tolérant

Vous n'avez plus envie de critiquer à la moindre occasion, de juger de façon péremptoire, de fustiger dès que quelqu'un pense ou agit différemment de vous.
Vous estimez que les autres ont le droit d'être comme ils sont.
Les réflexions comme « Cette actrice, je ne peux pas la voir », « Je déteste ce présentateur de télévision », « Qu'est-ce qu'elle m'énerve celle-là », « Je ne peux pas le sentir » vous font sourire.

21 décembre

Vous vous levez content

Vous vous réjouissez d'avoir la chance de vivre une nouvelle journée.
Vous savez que vous allez avoir l'opportunité, au fil des heures, de découvrir, d'apprendre, d'échanger, d'aimer, de progresser, d'évoluer.
Le soir, vous faites le bilan de votre journée en ressentant de la gratitude pour tout ce que vous avez vécu et pour les personnes que vous avez côtoyées.
Vous n'oubliez pas de vous remercier vous-même.
Vous vous souhaitez une bonne nuit et remettez vos préoccupations à votre être intérieur, ou votre moi profond, ou votre soi qui ne manquera pas de travailler pour vous aider à trouver la meilleure des solutions.

Votre entourage a changé

22 décembre

Des transformations se sont produites dans votre entourage.
Le fait que vous ayez évolué vous a rapproché de certains amis, avec lesquels vous avez considérablement approfondi et enrichi votre relation.
Et vous trouvez cela délicieux.
De la distance s'est instaurée tout naturellement avec d'autres personnes, sans heurt, sans douleur. Vous n'avez plus grand-chose en commun maintenant.
Enfin, de nouvelles amitiés se sont tissées, parce que vous avez attiré à vous des êtres en harmonie avec votre nouvel état de conscience.

23 décembre

Quelle fluidité !

Grâce à votre travail sur vous-même,
ce qui vous aurait tourmenté pendant des mois,
ne vous préoccupe plus du tout de la même
façon et pendant infiniment moins longtemps.
Ce qui vous aurait fait vous mettre dans tous
vos états vous laisse désormais tranquille
et paisible.
Vous ne faites plus vous-même votre malheur
en filtrant la réalité avec votre ego, vos points
de vue, vos préférences, vos desiderata.
Vous prenez la vie de façon beaucoup plus
fluide et elle vous le rend au centuple.

Laissez parler l'enfant qui est en vous

La fête de Noël est devenue, malheureusement, une fête commerciale.
Et si vous vous accordiez, ce soir, quelques instants pour prendre conscience de votre enfant intérieur ?
Il a envie d'être joyeux, d'être heureux, de découvrir, d'apprendre, de s'amuser et, aussi, de s'émerveiller.

Le plus beau cadeau de Noël que vous puissiez vous faire est de décider de prendre soin de lui, chaque jour de cette nouvelle année.
Que choisissez-vous de faire et d'être pour le respecter et l'aimer ?

24 décembre

25 décembre

Des souvenirs pour mieux vivre le présent

Les repas de fin d'année sont une occasion idéale pour faire parler vos parents, vos grands-parents, les membres de leur famille, de leurs souvenirs et de leur enfance.
Mieux vous connaîtrez ce qu'ils ont vécu, mieux vous pourrez comprendre votre psychogénéalogie. Ce qui est extrêmement précieux pour gérer l'influence de votre famille et accéder à la liberté d'être vous-même.
De plus, cela vous permettra d'appréhender les membres de votre famille comme des personnes à part entière et non plus uniquement comme des « fonctions parentales ».

Fini les personnes toxiques !

Si une relation vous est franchement désagréable ou douloureuse, vous avez fait un immense progrès.
Vous ne faites plus ce que font la plupart des gens en accusant l'autre de tous les maux et en le mettant au pilori.
Vous avez appris à vous interroger et à vous remettre en question.
Vous savez que, même si cette personne a un comportement inqualifiable, elle est l'occasion pour vous d'évoluer.
Bien sûr, si c'est possible, vous ne faites pas perdurer cette relation !
L'excellente nouvelle est que vous cesserez, définitivement, d'attirer ce genre de personnes puisque vous ferez le travail intérieur nécessaire pour vous en libérer.

26 décembre

27 décembre

Le bonheur est contagieux

Maintenant, votre préoccupation majeure est de vivre le plus possible en état de bonheur au quotidien.
C'est le contraire de l'égoïsme.
C'est même le plus bel acte d'amour qui soit envers vos intimes, les personnes de votre entourage et celles que vous rencontrez.
Cela va même beaucoup plus loin.
C'est la meilleure chose que vous puissiez faire pour la planète et l'univers.
C'est un antidote très puissant à l'énorme pollution psychologique que représentent tous les sentiments négatifs.

28 décembre

Maintenant, vous anticipez le meilleur

Auparavant, vous vous inquiétiez pour un rien.
Une réunion, un entretien, un rapport à rendre vous tracassaient.
Vous doutiez parfois de l'amour qu'on vous portait.
Vous vous faisiez beaucoup de souci pour vos enfants.
Bref, vous anticipiez toujours le pire.
Vous manquiez de confiance en vous,
vous manquiez de confiance en la vie.
Vous vous êtes ouvert à une autre dimension qui vous ouvre au possible et à la magie de la vie.

29 décembre

Tous ensemble

« Je veux, je ne veux pas »,
« J'aime, je déteste »,
« C'est bien, c'est mal »,
« C'est génial, c'est épouvantable ».
De même, vous estimiez qu'il y avait vous et l'autre, vous et votre famille, vous et votre travail, vous et la société, vous et le monde. Vous avez pris conscience que nous sommes tous reliés les uns aux autres et que nous sommes tous reliés à l'univers.

30 décembre

« Tu as changé, qu'est-ce que tu as fait ? »

Certaines personnes ressentent le changement de votre état de conscience.
« Qu'est-ce que tu es en forme en ce moment, c'est super ! »,
« Tu as changé, qu'est-ce que tu as fait ? »,
« Si cela ne t'ennuie pas, je voudrais te demander un conseil pour quelque chose »,
« Tu es toujours de bonne humeur au bureau, cela m'aide »,
« Je m'entends beaucoup mieux avec toi »,
« Je te remercie, car je sais que ma mère n'est pas facile et tu t'en sors très bien en tant que belle-fille, chapeau ».

31 décembre

Félicitations ! Vous avez bien travaillé !

Et si vous preniez le temps de faire le point ? À travers ces big bangs quotidiens, vous avez changé, beaucoup changé au cours de cette année.
Votre état de conscience est différent, vous ne réagissez plus de la même manière, vous ne considérez plus les autres de la même façon, vous êtes beaucoup plus heureux, positif et serein.

C'est le moment de vous remercier et de vous féliciter. Remerciez également tous ceux qui sont chers à votre cœur.
Puis pensez avec bienveillance aux autres, à tous les autres, vous êtes relié à l'humanité tout entière.
Honorez aussi les disparus.
Excellente Saint-Sylvestre !

Ce mois-ci
j'apprends à danser avec la vie

Vous vivez beaucoup moins dans l'illusion de la séparation. Vous ne vous considérez plus comme un être seul, plus ou moins perdu au milieu de l'univers. Vous ne fantasmez plus sur le thème de la vie qui se désintéresse totalement de vous, ne vous aime pas, vous complique sadiquement l'existence à l'envi ou, pire, vous est franchement hostile. Vous vous êtes ouvert à une autre dimension. Alors, tout naturellement, vous prenez conscience que la vie vous aide. Elle l'a toujours fait mais, auparavant, vous étiez quasi sourd et quasi aveugle. Et vous n'aviez aucune idée que cela puisse être possible. Vous avez une merveilleuse « antenne » à votre disposition : votre intuition. Vous êtes beaucoup plus à même de l'écouter désormais, puisque vous n'êtes plus agité et perturbé par vos appréhensions, vos peurs, vos affects. Pour que la lune puisse se refléter dans un lac, il est nécessaire qu'il soit calme. Votre intuition est un guide précieux pour votre bonheur et votre réalisation, pour les choix que vous faites, pour vos relations avec les autres, pour libérer votre créativité. Elle ne demande qu'à vous inspirer et vous conseiller. Suivez-la avec respect et amour. Un autre merveilleux cadeau de la vie est de vous permettre de danser avec elle. Votre participation active est demandée… Vous avez fait, en votre « âme et conscience », tout ce que vous avez pu, sans vous agiter dans tous les sens en fonction de vos peurs, de votre ego, des pressions des uns et des autres. Vous vous êtes centré, vous avez agi calmement et avez donné le meilleur de vous-même avec soin et intensité. Il est temps de lâcher prise et de laisser la vie s'en occuper, avec une totale confiance. Elle s'en charge avec un amour infini. Le résultat ne prendra peut-être pas tout à fait la forme que vous imaginiez, mais il sera parfait et au-delà de vos espérances sur le plan de conscience qui vous intéresse désormais.

Pour aller plus loin…

5 étapes pour changer votre vie !

Être heureux au quotidien, donner du sens à sa vie, voilà des souhaits auxquels tout le monde aspire… Chantal Rialland vous explique comment provoquer ce big bang intérieur et vous accompagne le temps de cette métamorphose.

1. Prenez conscience que vous avez le pouvoir de changer votre vie
2. Commencez par changer les choses en vous
3. Utilisez les outils du changement
4. Gérez autrement vos problèmes
5. Savourez les bénéfices du changement !

Achevé d'imprimer en août 2012 par Cayfosa en Espagne
4113072/01
ISBN : 978-2-501-07867-2
Dépôt légal : octobre 2012